I0795725

DK

DESTINO

JAPÓN

DESTINO

JAPÓN

100 *experiencias imprescindibles para el viaje de tu vida*

CONTENIDO

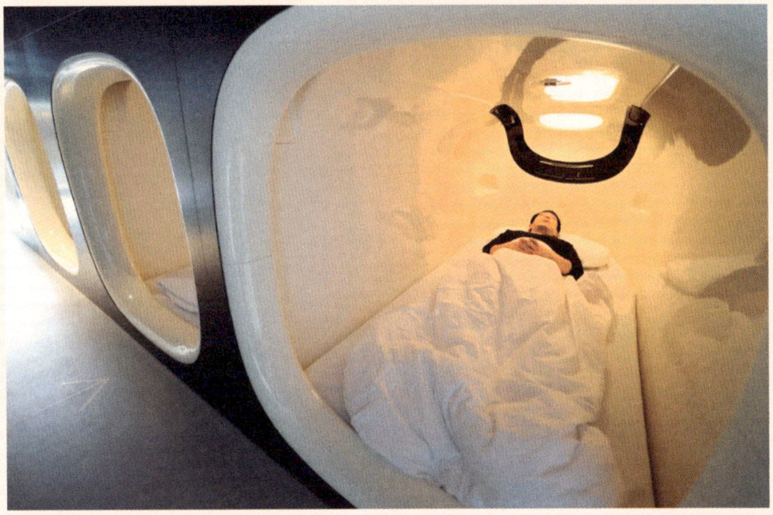

オノデン

BIENVENIDO

A JAPÓN

Nunca olvidarás tu primer viaje a Japón, un país donde las tradiciones ancestrales y las innovaciones futuristas van de la mano. ¿Listo para hacer realidad el viaje de tu vida?

料理専門店
BAN-THAI RESTAURANT
3F
焼肉
まぐろ商店
B1F
4F
炭火串焼
薄利多売半兵ヱ
湖南菜館
ANRAKUTEI
HUMAX
全店営業中
GiGO
GAME PANIC
24時間営業中
BACARDI

Imagen nocturna de Tokio, con sus luces de neón

Introducción a Japón

Visitar Japón es cumplir el sueño de una vida; por eso, cada momento debe ser especial. En *Destino Japón* se han seleccionado 100 experiencias para garantizar que tu aventura japonesa no solo esté a la altura de las expectativas, sino que las supere. Aquí encontrarás experiencias memorables, como contemplar el monte Fuji o disfrutar de un cuenco de *ramen*, junto a otras que suelen pasarse por alto y que revelan nuevas facetas de Japón. Cada capítulo incluye un itinerario para adaptar el viaje a tus gustos, por ejemplo si deseas conocer la cultura pop de Japón o profundizar en su gastronomía.

Al fin y al cabo, Japón ha cautivado la imaginación del mundo. Sus grandes ciudades y sus tradiciones centenarias lo sitúan a la cabeza de las listas de viajes. Millones de personas lo visitan cada año, y muchos más anhelan realizar el viaje y poder conocer de primera mano las ceremonias del té, los kimonos, el sumo y el *sushi*. Y aunque se crea que se conoce Japón a través de las historias, las películas y las postales, sigue siendo tan esquivo como legendario, un enigma que no hace sino aumentar su atractivo.

Pero ¿por qué nos atrae tanto el País del Sol Naciente? Para empezar, es un archipiélago enorme, con cuatro islas principales y miles de islas menores que albergan una gran variedad de paisajes. También están ciudades como Tokio y Osaka, bastiones culturales con rascacielos iluminados con neones y tribus urbanas que crean una energía increíble. Además, Japón demuestra que honrar la tradición no significa descuidar el futuro: los trenes bala pasan raudos entre fortalezas feudales y los robots modernizan el concepto de hospitalidad. Y justo cuando crees que ya lo has visto todo, con el cambio de estación el país se reinventa. ¿Estás escribiendo la lista de cosas que hacer? Quizás necesites un cuaderno más grande.

EN EL MAPA

BIENVENIDO A JAPÓN

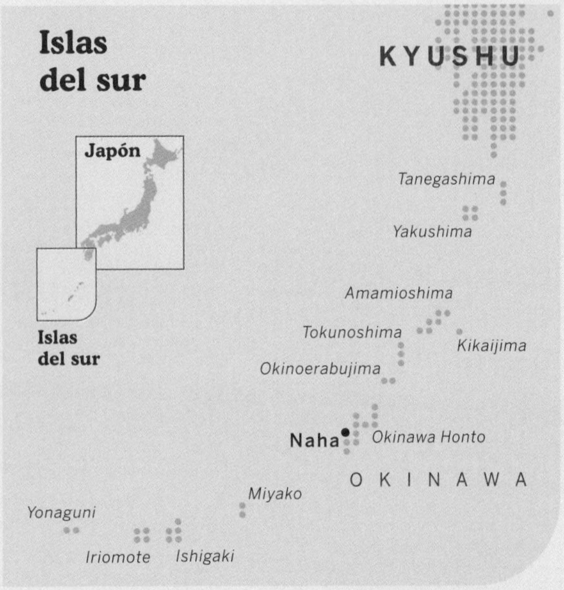

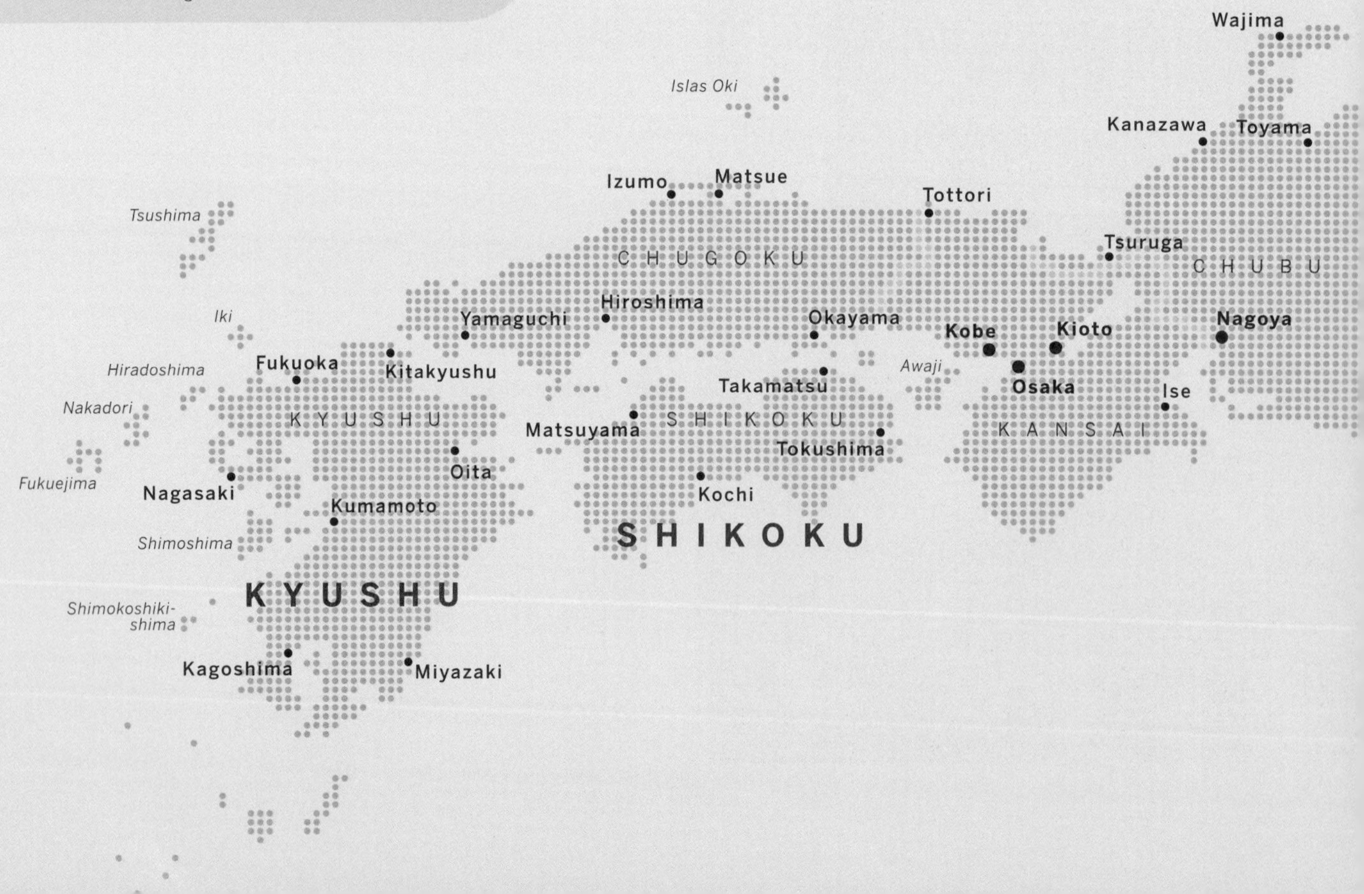

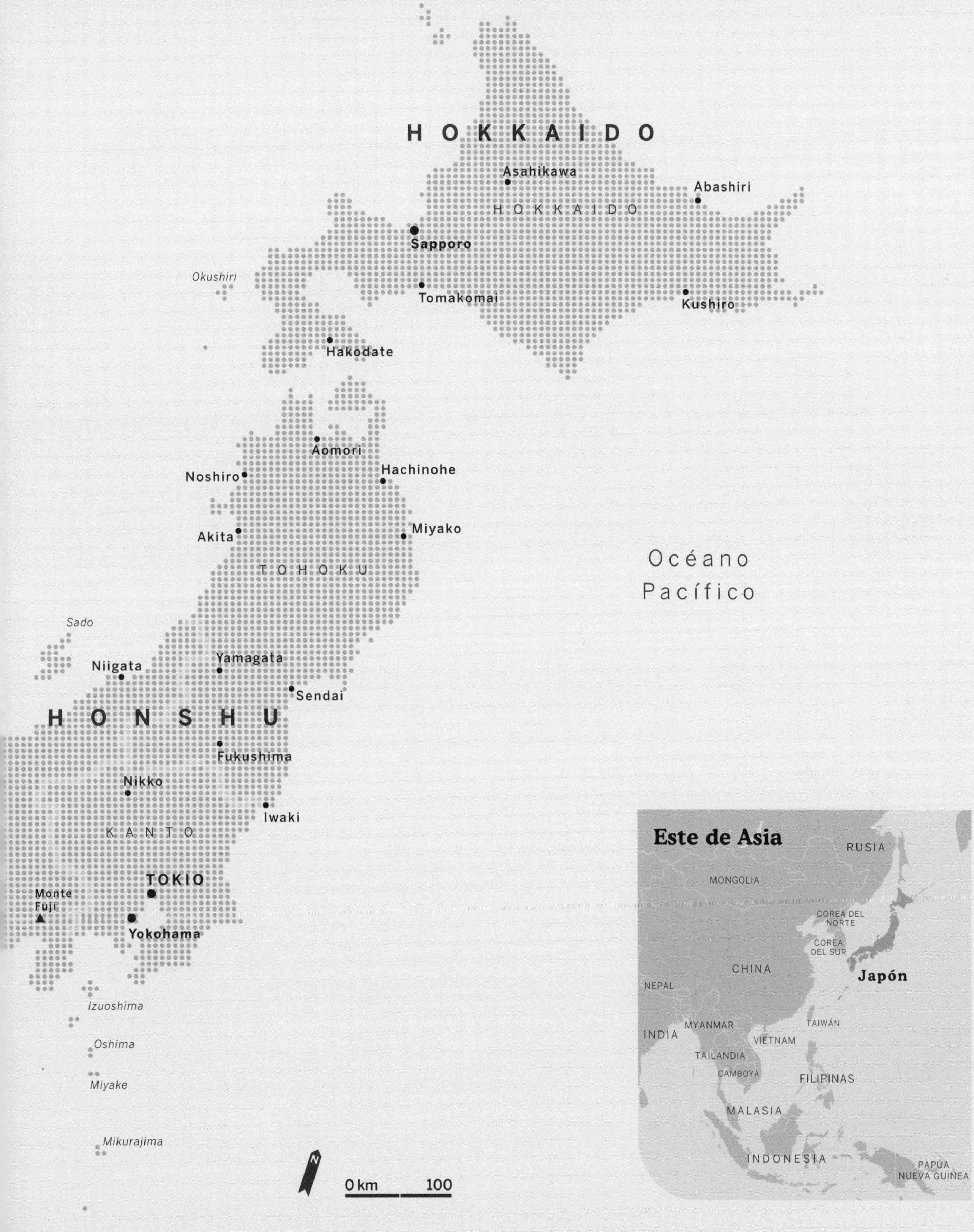
HOKKAIDO
Asahikawa
Abashiri
HOKKAIDO
Sapporo
Okushiri
Tomakomai
Kushiro
Hakodate
Aomori
Noshiro
Hachinohe
Akita
Miyako
TOHOKU
Océano Pacífico
Sado
Niigata
Yamagata
Sendai
HONSHU
Fukushima
Nikko
Iwaki
KANTO
TOKIO
Monte Fuji
Yokohama
Izuoshima
Oshima
Miyake
Mikurajima
N
0 km 100
Este de Asia
RUSIA
MONGOLIA
COREA DEL NORTE
COREA DEL SUR
CHINA
Japón
NEPAL
INDIA
MYANMAR
TAIWÁN
VIETNAM
TAILANDIA
CAMBOYA
FILIPINAS
MALASIA
INDONESIA
PAPÚA NUEVA GUINEA

Conociendo Japón

Japón puede parecer pequeño en el mapa, enclavado entre la costa oriental de Asia y el ancho océano Pacífico, pero en realidad mide más de 1 900 kilómetros de norte a sur. Esto significa que goza de climas muy variados: los cerezos florecen en el sur subtropical cuando el extremo norte permanece cubierto de nieve.

Las cuatro islas principales de Japón son Honshu (la mayor), Hokkaido (al norte de Honshu), Kyushu (en el extremo suroeste de Honshu) y Shikoku (al sur de Honshu). Desde el extremo meridional de Kyushu se extiende una cadena de islas menores que incluye el archipiélago de Okinawa. Se puede dividir Japón en las regiones que se describen a continuación.

KANTO

El primer lugar que se suele visitar en Japón es su capital, la extensa e incomparable metrópolis de Tokio, que aglutina todas las imágenes que existen del Japón hipermoderno: *oyishas* (o empujadores) con guantes blancos apretando a los viajeros en los trenes, robots baristas sirviendo cafés y vallas publicitarias con vídeos de ídolos y personajes de *anime*. Tokio parece no tener límites, pero Kanto alberga otros lugares de interés con una síntesis perfecta de belleza natural y arquitectura religiosa: los templos y santuarios de Kamakura y Nikko, las lujosas fuentes termales de Hakone, con vistas épicas al monte Fuji, y la internacional Yokohama, la segunda ciudad más grande del país.

TOHOKU

Ocupa el tercio norte de Honshu y se caracteriza por sus espectaculares paisajes. En esta zona de *yukiguni* (literalmente, «país de la nieve»), los fríos vientos siberianos chocan con una abrupta cadena montañosa y producen una perfecta nieve polvo que atrae a esquiadores de todo el mundo. En los meses más cálidos se puede asistir a algunas de las mejores fiestas populares del país y gozar de la brisa marina mientras se recorre el sendero costero Michinoku, de 1025 kilómetros. En cada estación, Tohoku cautiva con sus tradiciones, sus parques nacionales y sus ciudades modestas y acogedoras.

HOKKAIDO

La segunda isla más grande de Japón es la tierra del pueblo ainu, poseedor de una rica cultura. Su capital, Sapporo, es una ciudad tranquila y encantadora. Los amantes de las actividades al aire libre disponen nada menos que de seis impresionantes parques nacionales en Hokkaido; Daisetsuzan y Shiretoko hacen honor a sus nombres, «Gran Montaña Nevada» y «Borde de la Tierra» en japonés y ainu, respectivamente. Dado que el *shinkansen* solo llega a la acogedora ciudad portuaria de Hakodate, en el sur, hay que conformarse con un viaje más lento en tren para explorar esta bella isla.

OFICINAS REGIONALES DE TURISMO

Estos son algunos de los principales organismos turísticos del país.

Área metropolitana de Tokio
Cubre Tokio y las prefecturas circundantes (greatertokyo.jp).

Oficina de Turismo y Congresos de Tokio
Recomendaciones y guías turísticas de la ciudad (gotokyo.org).

Organización para la Promoción Turística de Tohoku
Información sobre qué ver y hacer en Tohoku (tohokukanko.jp).

Organización de Turismo de Hokkaido
Itinerarios y guías de la zona (visit-hokkaido.jp).

Asociación de Turismo del Centro de Japón (Honshu)
Sugerencias para visitar el centro de Japón (go-centraljapan.jp).

Asociación de Turismo de la Ciudad de Kioto
Consejos para viajar por la ciudad de Kioto (kyoto.travel).

Organización de Turismo de Kyushu
Información turística de Kyushu (visit-kyushu.com).

CHUBU
Esta montañosa región, situada en el centro de Honshu, alberga los espectaculares Alpes japoneses, con los 20 picos de más de 3000 metros del país. Se trata del corazón de la cultura alpina nipona, meca de alpinistas y esquiadores. Esparcidos por las llanuras cercanas hay pueblos encantadores como Shirakawago y Gokayama, con sus casas *gassho-zukuri* (con inclinados techos de paja). Entre las ciudades de visita obligada figuran Matsumoto, con su gran castillo, la elegante Kanazawa y la moderna Nagoya.

KANSAI
Aunque cuenta con ciudades modernas, como Osaka y Kobe, la región de Kansai, en Honshu, es más conocida por su pasado. Aquí se encuentran Nara, capital japonesa del siglo VII repleta de templos, y Kioto, famosa por sus santuarios, templos y *geishas*, legado cultural de más de 1000 años como capital imperial. Otros lugares de interés son el Ise-jingu, vinculado a la familia imperial, y la red de caminos de peregrinación de Kumano Kodo, declarada Patrimonio Mundial por la Unesco.

CHUGOKU
Chugoku, situada en el oeste de Honshu, es como un microcosmos de Japón: lagos y montañas, ciudades históricas y modernas y una hospitalidad de primera, todo ello sin multitudes. Vale la pena visitar sus destinos más famosos, Hiroshima e Itsukushima, para conocer su historia y contemplar las *torii* (puertas) de sus santuarios. O apartarse de las rutas más transitadas para ver las instalaciones artísticas de las islas del mar interior de Seto y recorrer la Shimanami Kaido en bicicleta.

SHIKOKU
Este es un lugar para bajar el ritmo y tomarse un respiro. El Shikoku Henro, un camino de peregrinación que discurre junto a la costa entre montañas boscosas, une 88 templos, pueblos tranquilos y acogedoras ciudades costeras como Takamatsu y Matsuyama. En la isla también se halla uno de los balnearios más famosos de Japón, Dogo Onsen, el preferido de la familia imperial. En el interior, Yusuhara muestra cómo integrar la arquitectura moderna en un entorno tradicional y el misterioso valle del Iya mantiene su singular modo de vida, desarrollado a lo largo de siglos de aislamiento debido a los imponentes picos y vertiginosos desfiladeros que lo rodean.

KYUSHU
La tierra parece cobrar vida en Kyushu, donde se encuentran dos de los volcanes más activos de Japón, el Aso y el Sakurajima, que dan lugar a humeantes aguas sulfurosas. Con un paisaje tan poderoso no es de extrañar que Kyushu rebose de mitos e historias. Vale la pena conocer el folclore local en lugares sagrados como Takachiho, explorar los asentamientos de los «cristianos ocultos» en las islas Goto y contemplar árboles milenarios en las selvas de Yakushima. Kyushu tiene una larga historia comercial debido a su situación estratégica entre las islas principales de Japón y el resto de Asia. Se pueden ver sus vínculos con Okinawa en Kagoshima y probar la gastronomía de Fukuoka, que conserva su ambiente marítimo e internacional.

OKINAWA
La prefectura más meridional de Japón es una deslumbrante cadena de islas subtropicales llena de lugares de interés histórico, muchos de ellos cerca de su capital, Naha. El archipiélago también es famoso por la longevidad de sus habitantes. Quizás esto tenga algo que ver con las variadas actividades que se pueden practicar aquí: senderismo por selvas, kayak en manglares o buceo entre arrecifes de coral.

Planeando el viaje perfecto

Ya sea por casualidad en una tienda interesante o pidiendo recomendaciones a un japonés, algunas de las mejores experiencias de viaje ocurren cuando se es espontáneo. Pero no se puede negar que un cierto grado de planificación hace que las cosas funcionen mejor y ayuda a no perderse lo que realmente se quiere hacer.

En un país tan emocionante como Japón no se puede hacer todo en un solo viaje, pero es posible aprovechar al máximo el tiempo disponible, ya sea una semana o un mes. Haz una lista de experiencias imprescindibles (este libro te muestra 100 propuestas y 8 itinerarios) para crear un viaje que se adapte perfectamente a tus intereses particulares. El primer paso para hacer realidad tu viaje es empezar a planearlo.

PRESUPUESTO

Lo primero es tener en cuenta el coste. Dejando a un lado los vuelos, Japón es un destino menos caro de lo que se piensa, sobre todo si se viaja fuera de temporada.

Viajar con un presupuesto reducido supone gastar unos 10 000 yenes (el equivalente a 60 euros) al día. Con esta estimación hay que limitarse a dos o tres regiones principales y desplazarse en autobús entre ellas; los trenes bala *(p. 16)* son eficientes y fiables para viajes de larga distancia, pero no son baratos. El alojamiento económico es abundante: albergues, hoteles cápsula, *minshuku* (pensiones) e incluso hoteles del amor (pensados para parejas en busca de intimidad). En cuanto a la comida, en las tiendas de alimentación y los supermercados suelen tener cajas de comida de gran calidad a precios sorprendentemente buenos. Si no, siempre se puede comer en cadenas de restaurantes económicos como Marugame Seimen, Kura Sushi y Nakau, en puestos de comida y en *tachinomiya* (bares en los que se come de pie).

Para un presupuesto intermedio, de unos 20 000 yenes (120 euros) al día, un abono ferroviario *(p. 17)* es una buena inversión; compensa si se hacen más de dos viajes en tren bala. En cuanto al alojamiento, se puede optar por hoteles de negocios de cadenas de confianza como Dormy Inn y Toyoko Inn, *glamping*, estancias en templos y *ryokan* (posadas tradicionales, *p. 74*). También es posible añadir al plan de viaje actividades como el esquí e incluso actuaciones de *geishas*.

Quien disponga de un presupuesto holgado y pueda gastar al menos 40 000 yenes (245 euros) al día puede empezar por adquirir una tarjeta ferroviaria Green Car para viajar en vagón de primera clase —más cómodo y menos concurrido— en cualquier tren JR (siempre que disponga de Green Car). Aún más placenteros son los viajes de varios días en trenes de lujo, como los servicios Seven Stars, Shikishima y Twilight Express Mizukaze. Los traslados privados, los guías y los traductores permiten conocer rincones menos accesibles y desarrollados del país, probar establecimientos con estrellas Michelin y venerables

OPERADORES TURÍSTICOS

Es fácil planificar el viaje a Japón por tu cuenta, pero si prefieres confiar en un operador turístico es preferible que sea de la región que vas a recorrer y que tenga en cuenta la sostenibilidad. He aquí algunas sugerencias.

Anytime, Ainutime!
Excursiones dirigidas por guías autóctonos ainu en torno al lago Akan, en Hokkaido (anytimeainutime.jp).

InsideJapan Tours
Tiene certificación B Corp y ofrece itinerarios guiados, autoguiados y a medida (insidejapantours.com).

Oku Japan
Viajes guiados, autoguiados y a medida centrados en intensas experiencias culturales y en un turismo responsable y gestionado por la comunidad (okujapan.com).

Walk Japan
Rutas a pie guiadas, autoguiadas y personalizadas por todo Japón (walkjapan.com).

wondertrunk & co.
Viajes de lujo a medida, con información privilegiada y excelentes contactos locales (wondertrunk.co).

restaurantes de *kaiseki* *(p. 105)*, así como disfrutar de cenas privadas con *geishas*. Respecto al alojamiento, se puede elegir entre interesantes hoteles *boutique* y lujosos *ryokan* centenarios.

DINERO

En un país tan futurista quizás sorprenda que los modos de pago electrónicos no sean la norma. Aunque en ciudades como Tokio cada vez es más habitual el pago *contactless*, siempre es aconsejable llevar algo de efectivo. Puede ser difícil encontrar un cajero automático que acepte tarjetas extranjeras (suelen estar en los 7-Eleven y en las oficinas de correos), por lo que es aconsejable llevar suficiente dinero en efectivo para cubrir los gastos. Comprueba qué comisiones cobra tu banco por utilizar la tarjeta en el extranjero.

OPERADORES TURÍSTICOS

Además del presupuesto, otro aspecto clave a tener en cuenta es cómo te gusta viajar. ¿Eres un viajero independiente que investiga y reserva todo por su cuenta o prefieres dejárselo a un profesional? ¿Quieres viajar en solitario, con amigos o familiares, o prefieres unirte a un grupo de turistas? O tal vez te apetezca combinar todas las opciones, algo bastante fácil de hacer, ya que muchos operadores turísticos (véase la página anterior) están especializados en regiones o actividades concretas. Por ejemplo, puedes planear una semana en Kansai, Chugoku y Kyushu por tu cuenta, dedicada a compras, ciclismo, baños termales, museos y restaurantes, y unirte a una excursión guiada de varios días por el Shikoku Henro *(p. 191)* o Kumano Kodo *(p. 170)*.

Si vas a hacer las reservas por tu cuenta piensa en los vuelos internos, el alquiler de coches o los trayectos de larga distancia en tren y autobús; resérvalos con la mayor antelación posible. Hay varios abonos de transportes para ahorrar dinero y evitar tener que comprar billetes para cada viaje; muchos salen más baratos si se compran fuera de Japón. Conviene planificar con tiempo los principales trayectos.

CUÁNDO IR

Si el viaje coincide con una época de gran afluencia, planifícalo con antelación. La floración de los cerezos en primavera y la caída de las hojas en otoño son muy populares, pero los tres períodos de mayor movimiento de viajeros nacionales son: la Semana Dorada, una serie de fiestas nacionales a finales de abril y principios de mayo; la festividad de Obon, a mediados de agosto; y el Año Nuevo, una gran celebración familiar a finales de diciembre y principios de enero. Son momentos emocionantes para estar en Japón, pero conllevan grandes aglomeraciones y subidas en los precios de los hoteles.

Luego está la cuestión del tiempo. Japón es un país principalmente templado, con cuatro estaciones bien diferenciadas. Si vas a viajar en verano ten en cuenta el *tsuyu*, la temporada lluviosa, de junio a mediados de julio. Los tifones suelen azotar el país entre mayo y octubre; son más probables en el sur y especialmente comunes en agosto y septiembre; se prevén con bastante antelación, por lo que no deberían pillarte desprevenido.

En temporada alta, los hoteles, las actividades y los restaurantes de lujo se llenan rápidamente. En general, trata de reservar todo lo que no quieras perderte con un mínimo de cuatro meses de antelación, sobre todo si tienes en mente actividades, hoteles o trenes concretos. Para otras cosas deja tu agenda abierta si valoras más la flexibilidad que la seguridad de las reservas.

DATOS ESENCIALES

Moneda *Yen japonés (¥)*

Zona horaria *Hora estándar de Japón (JST), UTC+9*

Población *124 millones*

Capital *Tokio*

Prefecturas *47*

Código telefónico del país *+81*

Número de emergencias *119*

Enchufes *Tipos A y B*

Agua del grifo
Apta para el consumo salvo que se indique lo contrario.

Gobierno
Japón es una monarquía parlamentaria y constitucional.

Idioma
El japonés es la lengua oficial y aprender algunas frases clave (p. 19) es muy útil. También se hablan las lenguas ryukyuan en Okinawa, ainu en Hokkaido y hachijo en algunas islas de Izu y Okinawa.

Aeropuertos internacionales
Los mayores aeropuertos de Japón son Narita (cerca de Tokio), Haneda (Tokio), Kansai (Osaka), Chubu Centrair (Nagoya), New Chitose (Sapporo, Hokkaido), Fukuoka (Kyushu) y Naha (Okinawa).

Teléfonos y wifi
Muchos teléfonos móviles extranjeros no funcionan en Japón (consulta con tu operador antes de viajar). Algunos cafés, lugares turísticos y trenes ofrecen wifi gratuito, pero vale la pena comprar un rúter portátil o una eSIM por si acaso.

Cómo desplazarse por Japón

Ya has planeado tu viaje, has calculado el presupuesto y por fin has aterrizado en Japón. Es el momento de conocer el país.

VIAJES POR EL PAÍS

La red de transporte público nipona es amplia y fiable. Las tres islas más grandes (Honshu, Hokkaido y Kyushu) están conectadas por una red ferroviaria de alta velocidad por la que circulan los *shinkansen* (trenes bala). También hay trenes normales, autobuses y autocares, y en las montañas hay teleféricos y funiculares. Como Japón es un archipiélago, en algunas partes se viaja en ferri y en avión. Los billetes de barco suelen comprarse en las terminales el mismo día de la salida; para los vuelos nacionales hay que reservar con antelación.

Muchas empresas gestionan los servicios de transporte público, lo que puede resultar confuso. Japan Rail (JR) es el mayor operador ferroviario y gestiona alrededor del 70 % de la red, incluidas todas las líneas de *shinkansen*. JR también opera el ferri de Hiroshima a Itsukushima. Otras compañías ferroviarias son Kintetsu, Tobu, Seibu, Odakyu, Keisei y Tokyu.

La eficacia y la extensión del ferrocarril hacen que pocos visitantes usen los autocares de largo recorrido, pero la red es muy amplia y es un medio mucho más económico que el tren.

Con semejante red de transportes no es necesario conducir en Japón. Aun así, si se prefiere un viaje panorámico por carretera *(p. 176)* se puede alquilar un coche en las principales estaciones de tren o en los puertos de entrada con un carné de conducir internacional. Las empresas de alquiler no están acostumbradas a tratar cara a cara con los clientes en inglés, aunque en muchas se puede reservar en inglés por internet. Los vehículos están equipados con sistemas de navegación por satélite, pero están en japonés.

TRANSPORTES LOCALES

La mayoría de las ciudades cuentan con una buena red de trenes, metro, autobuses y tranvías. Cada uno funciona de forma diferente pero un vistazo a la web de la oficina de turismo local puede ser de gran ayuda. Los billetes sencillos de tren y metro se compran en las máquinas expendedoras de las estaciones; algunas tienen un botón de traducción al inglés y aceptan tarjetas y efectivo. En muchas estaciones también hay planos en inglés.

En las ciudades, las estaciones de autobuses suelen estar junto a las de tren. En algunos autobuses se sube por delante y el importe (a menudo una tarifa plana) se introduce en una ranura junto al conductor, aunque la mayoría tiene también lectores de tarjetas. Se sale por la puerta del centro del autobús. Un segundo sistema invita a los pasajeros a subir hacia el centro o la parte trasera, donde una máquina distribuye billetes numerados. El número del billete aparece en una pantalla en la parte delantera del autobús con la tarifa que hay que pagar. Antes de bajar, se deposita el importe indicado y el billete en la caja situada junto al conductor.

WEBS Y APLICACIONES

Prueba estos recursos para sacar el máximo partido a tu viaje.

accessible-japan.com
Información sobre viajes accesibles en Japón.

japantravel.navitime.com/en/
Planificador de rutas que calcula costes y distancias.

japan.travel/es/es/
Organización Nacional de Turismo de Japón.

japan-guide.com
Sitio en inglés para consultar horarios de apertura, precios de entradas, transportes e información sobre lugares de interés.

japangayguide.com
Información sobre cultura y eventos LGTBIQ+ en Japón.

JapanTaxi
Aplicación para reservar taxis.

jma.go.jp
Previsiones meteorológicas y de fenómenos naturales.

MyMizu
Sitios para rellenar agua.

vjw.digital.go.jp
Trámites de inmigración, aduanas y compras libres de impuestos.

YomiWa
Diccionario multilingüe que traduce texto fotografiado.

ABONOS DE TRANSPORTE

El JR Pass, disponible para 7, 14 y 21 días, ahorra dinero si se viaja mucho por todo el país. Incluye casi todos los trenes bala (los servicios más rápidos, el Nozomi y el Mizuho, requieren un suplemento). Hay muchos vagones de *jiyuuseki* (asientos no reservados), pero merece la pena reservar asiento (en las estaciones de JR) si se viaja lejos o con equipaje voluminoso. Si solo se viaja por determinadas regiones se pueden adquirir abonos regionales. Japan Rail divide su red en este, centro, oeste, Kyushu, Shikoku y Hokkaido, y la mayoría de los abonos regionales se limitan a una o dos de esas zonas; por ejemplo, el JR East Tohoku Area Pass cubre Kanto y Tohoku durante cinco días.

El JR Pass no es una buena opción si no vas a utilizar mucho el *shinkansen* o si piensas viajar más con otras compañías. Muchas regiones y ciudades tienen sus propios abonos y las oficinas de turismo locales facilitan información al respecto. En Tokio hay varias opciones, como el Free Kippu, que permite viajar en la mayoría de las líneas de metro, autobús y tranvía del centro de la ciudad durante 24 horas. Pero, a menos que pienses hacer muchos viajes en un día en muchos medios de transporte, es preferible usar una tarjeta IC de prepago (física o en una aplicación); las tarjetas físicas se venden en las oficinas de información turística y en las taquillas. La otra opción es adquirir un billete sencillo para cada viaje; si las máquinas expendedoras no tienen botón de traducción al inglés, acude al personal de las taquillas.

TAXIS

Los taxis japoneses son limpios, cómodos y fáciles de encontrar en las ciudades, pero en las zonas rurales, los alojamientos se encargan de reservarlos. Para detener uno hay que fijarse en el letrero luminoso del parabrisas: rojo significa disponible y verde, ocupado.

EMERGENCIAS

Japón es un país seguro, con bajos índices de delincuencia. Para ponerte en contacto con la policía llama al 110 o acude a un *koban* (puesto de policía). Los extranjeros están obligados a llevar el pasaporte encima siempre.

En caso de enfermedad se debe acudir a una clínica u hospital; las dolencias menores se pueden consultar en las farmacias. Los hospitales de las grandes ciudades ofrecen atención médica de calidad. Infórmate de las normas para llevar medicamentos a Japón y contrata un seguro que cubra los gastos hospitalarios.

VIAJEROS CON NECESIDADES ESPECÍFICAS

Debido en parte su envejecida población, Japón está bien adaptado para personas con movilidad, vista o audición reducidas (aquí se inventó el pavimento táctil). Los *tamokuteki toire* (aseos multiusos) son cada vez más comunes en estaciones, grandes almacenes y trenes bala; son aptos para usuarios de sillas de ruedas y disponen de botón de llamada de emergencia.

Los nuevos hoteles deben cumplir la normativa de accesibilidad y muchos de los antiguos tienen al menos una habitación sin barreras. Sin embargo, los bucles magnéticos para personas con discapacidad auditiva y las camas ajustables son poco comunes.

VIAJEROS LGTBIQ+

Es poco probable que los viajeros LGTBIQ+ tengan problemas en Japón. Las muestras públicas de afecto entre personas del mismo o distinto sexo no son la norma en la cultura japonesa.

Hay poco conocimiento de las identidades no binarias y transgénero, pero el enfoque cultural es dejar que la gente se ocupe de sus asuntos. Los *tamokuteki toire* (aseos multiusos) son una buena opción si no se quiere usar baños diferenciados por sexos.

Costumbres y etiqueta

La cultura japonesa es famosa por la cortesía, con múltiples niveles de respeto entrelazados en el lenguaje. Para los extranjeros esto puede ser tan atractivo como intimidante: es encantador ver cómo la gente se trata con tanto respeto, pero mortificante pensar en ofender a alguien sin saberlo. Sin embargo, en el fondo no es tan complicado: la mayoría de las costumbres niponas se basan en un comportamiento prosocial y en la idea de que las necesidades del colectivo están por encima de las del individuo. Así que lo mejor que puedes hacer es prestar atención a lo que hace la gente a tu alrededor y pensar en su comodidad. Los japoneses se desviven por ayudar a los visitantes, aunque haya barreras lingüísticas.

RESPETO A LOS DEMÁS

Aunque algunas personas se dan la mano o incluso se abrazan, lo normal es inclinarse cuando se saluda a alguien. No es necesario exagerar e inclinarse 90°, basta con unos 30-45°. Juntar las manos en posición de rezo mientras te inclinas es la norma en otras partes de Asia, pero no en Japón.

Intenta respetar el espacio personal en la medida de lo posible. Las personas con trajes tradicionales, especialmente *geishas* y *maiko*, solo hacen su trabajo. No las sigas para hacerles fotos, no interrumpas su jornada ni las señales con el dedo. De hecho, no hay que señalar en general; es más educado hacer gestos con la mano abierta.

PROPINAS

Dar propina no es común en la cultura japonesa. Hacerlo puede dar lugar a confusiones y resultar ofensivo; los camareros harán lo posible por devolver el dinero.

COMER FUERA

En algunos restaurantes, bares e *izakaya* (bares tradicionales) se sirve con la bebida un aperitivo llamado *otoshi* (por ejemplo, *edamame* o ensalada de patatas) que se agrega a la cuenta como cargo por cubierto o por mesa. A cada comensal se le suele dar una *oshibori* o toalla húmeda (caliente en invierno y fría en verano) para limpiarse las manos, además de agua o té gratis.

Es costumbre empezar a comer diciendo «itadakimasu», una expresión de gratitud por lo que se está recibiendo. Muestra esa gratitud dejando el plato vacío siempre que sea posible.

En Japón se come con palillos, pero no te preocupes si te cuesta usarlos: no ofenderás a nadie si comes despacio o pides un tenedor. En todo caso, no señales con ellos ni los claves en vertical en la comida, pues recuerda a los ritos funerarios. Cuando termines de comer en un restaurante no temas alzar la voz en público: di «¡sumimasen!» («¡perdón!») y haz el gesto del garabato en el aire para pedir la cuenta. Dos consejos más sobre modales en la mesa: utiliza el otro extremo de los palillos para servirte de los platos comunes y sorbe los fideos; así los

SOLO RECUERDA CINCO COSAS

La gente suele sentirse abrumada por los modales japoneses, preocupada por cometer un error y ofender a alguien. Pero, si te esfuerzas al máximo, verás que la mayoría de los japoneses son muy indulgentes con los errores. Así que, si solo recuerdas unas pocas cosas, que sean estas:

1

En caso de duda, quítate los zapatos

2

Respeta las colas, no te cueles

3

No dejes propina

4

Sé respetuoso en los lugares sagrados

5

Por encima de todo, sé considerado con los demás

enfrías mientras comes y demuestras que disfrutas.

DE COMPRAS

En la mayoría de las tiendas te recibirán con un «¡irasshaimase!» («¡bienvenido!»). Curiosea a tu antojo, pruébate ropa si lo deseas (en muchos probadores hay que descalzarse y suele haber finas bolsas de papel o tela para ponerse sobre la cara y evitar que el maquillaje manche la ropa) y luego paga en la caja. El dinero rara vez se entrega directamente; deposítalo en la bandejita del mostrador.

DESCALZARSE

Aparte de en los vestuarios, hay que descalzarse en las casas particulares, los templos, los santuarios y los suelos de tatami. Se recomienda llevar zapatos fáciles de quitar y calcetines bonitos. Si llevas sandalias puedes ensuciarte los pies, así que lleva calcetines para ponértelos al entrar en esos espacios. En los cuartos de baño suele haber zapatillas para cambiarse, pero no las uses fuera de los aseos.

TEMPLOS Y SANTUARIOS

En los lugares de culto hay que mostrar discreción y respeto. No es necesario andar de puntillas en un silencio reverencial, pero tampoco molestar a la gente que practica su religión. Por lo general, se puede hacer fotos, pero hay que comprobar si hay carteles que lo prohíben (normalmente junto a la imagen principal). Para entrar en el recinto de un santuario sintoísta *(p. 36)* se pasa por una *torii* (puerta). Para mostrar respeto, inclínate en el umbral y camina por la izquierda: el centro está reservado a los dioses. Tanto en los templos como en los santuarios se puede rezar, comprar amuletos y papelitos de la fortuna y entrar en los edificios públicos. En los lugares sagrados hay que descalzarse.

VISITAR UN *ONSEN*

Siguiendo unas sencillas pautas podrás disfrutar de las aguas termales de Japón y respetar la cultura del baño del país. Al llegar a un *onsen* o *sento* (baño público), deja los zapatos en las taquillas de la entrada antes de entrar en los vestuarios. Si tienes tatuajes, comprueba la política del baño al respecto antes de ir o pregunta en la recepción; históricamente, los tatuajes se han asociado con la *yakuza* (mafia) y, aunque esto está cambiando, muchos *onsen* no admiten a personas tatuadas.

Antes de bañarte lávate bien en las duchas y recógete el pelo si lo tienes largo. Entra desnudo en el agua (los baños suelen estar separados por sexos) y pasa de una piscina a otra si hay varias. No se debe nadar, salpicar ni gritar: la gente va a lavarse y a socializar en un ambiente relajado.

TRANSPORTE PÚBLICO

Los japoneses son bastante silenciosos en el transporte público. Puedes charlar, pero utiliza auriculares para escuchar música, pon el móvil en modo silencio y sal del vagón si tienes que atender una llamada. Mucha gente lleva mascarilla por múltiples razones; si estás resfriado o temes los contagios, ponte una tú también.

Si tienes un asiento reservado busca las líneas en el andén que indican cada vagón y puerta, elige la correcta y respeta la cola. Muchos trenes sin asientos reservados tienen zonas de asientos prioritarios y, en hora punta, hay vagones solo para mujeres (lo indica un panel rosa en el suelo y en el vagón con las palabras «solo mujeres» escritas en varios idiomas).

Comer en los trenes de cercanías se considera de mala educación, pero no está mal visto si se viaja lejos, especialmente en *shinkansen*. De hecho, en las estaciones se venden *ekiben* o cajas de comida para comer a bordo.

PALABRAS ÚTILES

En Japón se usa mucho el inglés, sobre todo en el transporte público y en las grandes ciudades. Sin embargo, la mayoría de la gente no habla inglés con fluidez, por lo que conviene aprender algunas palabras en japonés para mostrar respeto y establecer vínculos.

Konnichiwa/konbanwa
Hola/buenas tardes

Sayonara
Adiós

Hajimemashite
Encantado de conocerle

Onegai shimasu
Por favor

Arigatou (gozaimasu)
Gracias (muchas gracias)

¿Eigo ga hanasemasu ka?
¿Habla usted inglés?

Sumimasen
Lo siento/disculpe

Wakarimasen
No entiendo

Hai/iie
Sí/no

¿[Kore] wa ikura/doko desu ka?
¿Cuánto/dónde está [esto]?

[Kore] ga suki desu
Me gusta [esto]

[Kore] o kudasai
Me gustaría [esto], por favor

Itadakimasu
Buen provecho (frase de cortesía que se dice antes de comer)

¡Oishii!
¡Delicioso!

¡Kanpai!
¡Salud!

Nihon
Japón

Toire/otearai
Servicio/aseo

JAPÓN

ICÓNICO

Para conocer bien este país no hay mejor manera de empezar que con estas experiencias icónicas. Y lo son por una razón: cada una de ellas posee algo de la quintaesencia de Japón.

EN EL MAPA

JAPÓN ICÓNICO

1. Encuentra la inspiración en la serena belleza del monte Fuji
2. Conoce la cultura de las *geishas* y las *maiko* en Kioto
3. Medita con el Gran Buda de Kamakura
4. Saborea el mejor *ramen* de Japón en Kitakata
5. Pasea por los jardines del Palacio Imperial de Tokio
6. Revive el pasado en el Parque Conmemorativo de la Paz de Hiroshima
7. Presencia el caos controlado del cruce de Shibuya
8. Retrocede en el tiempo en los templos y santuarios de Kioto
9. Recorre Japón en un tren bala en un abrir y cerrar de ojos
10. Sube a las alturas en la Tokyo Skytree
11. Visita el castillo del Cuervo de Matsumoto
12. Saborea el *sushi* y el *sashimi* más frescos
13. Admira las elaboradas tallas del Tosho-gu de Nikko
14. Maravíllate ante los gigantes del sumo

HOKKAIDO
Sapporo
Aomori
Akita
Niigata
12
Sendai
Océano
Pacífico
Kitakata
4
HONSHU
Matsumoto
11
13
TOKIO
5
7
9
10
14
1
3
Kamakura
N
0 km
100

«Si contemplar
la cima del monte
es inspirador,
las vistas desde
arriba son épicas».

Monte Fuji

1

Encuentra la inspiración en la serena belleza del monte Fuji

Esta montaña sagrada no deja de atraer tanto a peregrinos como a artistas, y no es de extrañar

Aunque tres cuartas partes de Japón son montañosas, hay un pico que se eleva por encima del resto. El monte Fuji (o Fuji-san), con sus 3776 metros, supera en casi 600 a su rival más cercano, el monte Kita, en Yamanashi. Pero el Fuji-san no está considerado un emblema nacional solo por su altura.

El pintoresco entorno del monte y su encantadora simetría, a la que se le añade el toque *wabi-sabi* (estética japonesa que resalta la belleza de la imperfección) que le da su pequeño segundo pico, lo han convertido en objeto de innumerables obras de arte. Mucha gente ha podido contemplarlo a lo largo de los siglos debido a su cercanía a Tokio, la antigua Edo, corazón político de Japón desde que el sogún Tokugawa Ieyasu estableciera en ella su gobierno en 1603. Durante los 260 años siguientes, los daimios (señores feudales) tuvieron que alternar su residencia entre Edo y Kioto (tradicionalmente la capital imperial) por períodos de un año. Muchos de ellos viajaban entre ambas ciudades por la Tokaido o Ruta del Mar Oriental. El viaje duraba semanas e implicaba cruzar ríos y atravesar peligrosos puertos de montaña. Cuando los daimios vislumbraban el monte Fuji sabían que se acercaban al tramo final. No es de extrañar, pues, que el gran pico ocupe un lugar destacado en las numerosas representaciones de la ruta en las xilografías *ukiyo-e*, populares entre los siglos XVII y XIX.

Uno de los artistas de *ukiyo-e* más admirados fue Hiroshige, en cuya serie *Las 53 estaciones de la Tokaido* representó cada una de las *shukuba* (antiguas estaciones de correos) que hay a lo largo de la ruta. En varios de estos grabados aparece el monte Fuji: desde la Maisaka-juku solo se atisba un pequeño cono al fondo, pero al llegar a la Hara-juku el pico está tan cerca que rebasa el borde del grabado. En *La gran ola de Kanagawa*, Katsushika Hokusai pintó el monte sereno e impasible en medio de un turbulento mar; es una de sus ya emblemáticas *Treinta y seis vistas del monte Fuji*.

Si contemplar la cima del monte es inspirador, las vistas desde arriba son épicas. Aunque el Fuji es esencial para el budismo y el sintoísmo, fueron los ascetas del *shugendo* (culto de las montañas) quienes empezaron a escalarlo y luego guiaron a otros por los caminos que habían abierto. Durante la temporada de ascensión, de julio a principios de septiembre, cientos de miles de personas suben a la cumbre; entre ellas todavía se ve a peregrinos Fuji-ko, vestidos de blanco.

Hay cuatro rutas a la cima, cada una dividida en diez etapas (los autobuses solo llegan hasta la quinta). Muchos optan por completar hasta la octava etapa, pasar la noche en un albergue para evitar el mal de altura y terminar la ascensión antes del amanecer. La recompensa es el *goraiko*, es decir, ver amanecer desde la cima, cuando las nubes se tornan en un mar dorado. Es una de esas imágenes inolvidables.

—HAZLO REALIDAD—

El monte Fuji se alza entre las prefecturas de Shizuoka y Yamanashi, unos 100 kilómetros al oeste de Tokio.

Para subir a la cima hay que ceñirse a la temporada oficial y tener una preparación adecuada. Aunque no es una ascensión técnica, es agotadora y puede resultar peligrosa. Consulta el sitio web oficial *(fujisan-climb.jp/en)* para obtener información sobre las condiciones y restricciones. La ruta Yoshida es la más popular y la que cuenta con más instalaciones. La ruta Fujinomiya es más rápida pero más empinada. Si prefieres evitar las multitudes (y puedes prescindir de comodidades), opta por las rutas menos transitadas de Subashiri y Gotemba.

Las estaciones de Kawaguchiko y Fujisan están conectadas por autobús y tren con destinos cercanos, incluido Tokio. Hay varias rutas de autobús por el área de los Cinco Lagos del Fuji, al pie del monte.

Conoce la cultura de las *geishas* y las *maiko* en Kioto

Las *geiko* y las *maiko* de Kioto son un símbolo de la antigua capital de Japón

La imagen de las *maiko* es muy popular entre los visitantes de Kioto. En el barrio de Gion seguro que verás a alguna turista con un extravagante kimono, andando a trompicones sobre los adoquines mientras se habitúa a sus *geta* (sandalias de madera). A primera vista podrías pensar que es de verdad, pero si ves a una auténtica *maiko* (aprendiz de *geisha*, literalmente «bailarina») no te quedará ninguna duda. Hay algo diferente en su forma de moverse, desde la delicada forma de arrastrar los pies hasta la elegante inclinación de la cabeza. Puedes vestirte y maquillarte como ellas, pero no puedes fingir los años de entrenamiento.

En muchos sentidos, las *geishas* representan la cumbre de las artes niponas. Kioto es la cuna de esta forma de arte y cuenta con cinco icónicos *hanamachi* («ciudades de las flores», en referencia a las *geishas*), los barrios en los que viven y trabajan las *geishas*. El más antiguo, Kamishichiken, está en el noroeste de la ciudad. Los otros se concentran en torno al río Kamo: tres en la zona de Gion y uno en Pontocho, al otro lado del río. Todos los *hanamachi* tienen un ambiente ligeramente misterioso, incluso reservado. Las casas de té y los restaurantes tradicionales donde trabajan las *geishas* —interpretando bailes y canciones, sirviendo bebidas, charlando con los clientes— son tan discretos que a menudo ni siquiera tienen letreros.

Técnicamente, en Kioto no hay *geishas* («personas dedicadas a las artes»); en su lugar se usa el término local *geiko*. Desde que las jóvenes —por lo general adolescentes recién salidas del instituto— empiezan a formarse usan el dialecto de Kioto, sin importar su procedencia. La adquisición de esta lengua es solo una de las facetas de su intensa formación, que también incluye el estudio de los instrumentos tradicionales, canto, danza y ritos de hospitalidad, como oficiar la ceremonia del té o entablar una conversación amena. Como cualquier carrera artística, es una empresa arriesgada que se aborda desde un profundo amor a la tradición.

Después de todo ese duro trabajo, las *maiko* y las *geiko* están deseando mostrar su maestría. Actúan en los *odori* (festivales) que celebran cada año los *hanamachi* de Kioto; además, las *maiko* y las *geiko* de Kamishichiken regentan una cervecería al aire libre en verano. También se puede ver a estas profesionales en acción en ceremonias del té y cenas con espectáculo (con intérprete, si es necesario).

Estas jóvenes de Kioto encarnan los principios estéticos japoneses, como el *mono no aware* —la agridulce belleza de lo transitorio—; por lo que si ves a una de ellas por la calle, no la agobies para hacerle fotos —algunos *hanamachi* imponen multas para combatir esta conducta—, limítate a apreciar tu buena suerte.

—HAZLO REALIDAD—

Los tres *hanamachi* de Gion están al este del río Kamo y al oeste del santuario de Yasaka. Pontocho está al otro lado del río y Kamishichiken se sitúa en el noroeste de Kioto, junto al Kitano Tenmangu.

Puedes reservar una ceremonia del té o una cena privada a través de un operador especializado o por internet en *mai-ko.com*. Viste con elegancia y asume que el entorno es tradicional, lo cual supone descalzarse y sentarse en el suelo. Trata a las *maiko* y las *geiko* con respeto, evita el contacto físico y no hagas fotos sin permiso.

Gion y Pontocho están cerca de las principales calles comerciales de Kioto, en torno al cruce Shijo-Kawaramachi, donde hay varias estaciones de metro y paradas de autobús. Para llegar a Kamishichiken toma el autobús hasta Kitano Tenmangu o la línea Keifuku del tren eléctrico Randen, que conecta con los templos Ryoan-ji y Ninna-ji.

«Puedes vestirte y maquillarte como ellas, pero no puedes fingir los años de entrenamiento».

Izquierda Maquillaje tradicional de *maiko*
Arriba Paseando en kimono
Abajo Peinado perfecto

3

Medita con el Gran Buda de Kamakura

Esta enorme estatua de bronce lleva siglos meditando serenamente en este lugar

Kamakura se encuentra en la prefectura de Kanagawa, cerca de Tokio, rodeada de mar por un lado y de colinas por el otro. Esta tranquila ciudad costera fue el centro del país en un período tan importante como sangriento de su historia. El poderoso sogún Minamoto no Yoritomo estableció aquí la sede de su gobierno hacia 1192, año que marca el inicio del período Kamakura. Al final del mismo, en 1333, la ciudad se había convertido en un centro del budismo zen, que encajaba con el énfasis de la clase samurái gobernante en la autodisciplina y la sencillez.

Puede que el *shogunato* sea cosa del pasado, pero el vínculo budista no ha perdido solidez. Hoy, Kamakura alberga unos 65 templos, incluido el Kotoku-in y su joya de la corona: el Daibutsu o Gran Buda. Esta estatua de bronce —la segunda más alta de Japón, con más de 13 metros incluida la base— se terminó en 1252 y representa a Amida Nyorai (Buda de la Luz Infinita) meditando sentado, con las manos en el mudra *mida-no-jouin* y los ojos semicerrados. Ha sobrevivido a incendios, terremotos, tifones, tsunamis y al ascenso y caída de ejércitos e imperios. Contempla la estatua un día tranquilo y quizá sientas la tentación de unirte a ella en su eterna meditación, con el viento susurrando entre los árboles y el cielo como techo.

HAZLO REALIDAD

Kamakura se sitúa en la prefectura de Kanagawa, al sur de Tokio. El Gran Buda se encuentra en el templo Kotoku-in, en el barrio de Hase, en el oeste de la ciudad.

Hay que pagar entrada para acceder al templo y ver el Buda, que está hueco. Abre todos los días; consulta el horario en la web *(kotoku-in.jp)*.

Las líneas JR Tokaido, Yokosuka y Shonan-Shinjuku llegan a Kamakura. Cambia a la línea Enoden para ir a la estación de Hase, que está a un corto paseo del templo.

El Gran Buda de Kamakura, en el Kotoku-in

Combínalo con SAGAMIHARA

Si vas en coche de Kamakura a Tokio desvíate a Sagamihara (p. 152). En la inesperada ubicación de una tienda de neumáticos usados hay unas 100 máquinas expendedoras retro que sirven desde helados hasta humeantes cuencos de fideos o papelitos de la fortuna.

4

Saborea el mejor *ramen* de Japón en Kitakata

Con el mayor número de locales de *ramen* per cápita del país, Kitakata es una visita obligada para los fans de los fideos

El *ramen* es un negocio serio en Japón. Las regiones rivalizan entre sí y los establecimientos de *ramen* compiten con los de alta cocina por las estrellas Michelin.

Kitakata se lo toma aún más en serio, si cabe. Esta pequeña ciudad del norte de Honshu es conocida por muchas cosas —*sake* de alta calidad, *kura* (almacenes) históricos reconvertidos, artesanía en madera y lacados—, pero lo más notorio son sus más de 100 restaurantes de *ramen*. Y no es que prime la cantidad sobre la calidad: la mayoría se especializa en un tipo concreto, lo cual es una garantía. Puedes tomar *miso ramen* en un establecimiento y degustar *shio ramen* en otro, pero es la versión local Kitakata la que no puedes perderte: los fideos son deliciosamente gruesos y masticables y el caldo *shoyu* (con salsa de soja) es sustancioso pero no empalagoso. Aunque los ingredientes varían, suele llevar *chashu* de cerdo, cebolletas y brotes de bambú.

Para meterte de lleno en la cultura de los fideos de Kitakata tienes que pasar la noche allí. Así podrás empezar el día al estilo local: con un tazón bien caliente de *asa-ra (ramen* matutino). Un consejo: no dejes de sorber los fideos para demostrarle al chef que aprecias su oficio y su madrugón.

—HAZLO REALIDAD—

Kitakata está en Fukushima, en el norte de Japón.

La mayoría de los restaurantes no aceptan reservas. Puede haber colas, pero avanzan con bastante rapidez.

La pintoresca línea de tren JR Ban'etsu une Kitakata con Aizu-Wakamatsu.

Combínalo con MORIOKA

Continúa tu ruta de los fideos por el norte de Japón en Morioka (p. 100)*, donde puedes probar tres platos diferentes: el refrescante* reimen*, el sustancioso* jajamen *y el* wanko soba *en bufé libre.*

Fideos con solomillo de cerdo asado

El Nijubashi, el puente más famoso del recinto del Palacio Imperial

5

Pasea por los jardines del Palacio Imperial de Tokio

El recinto del palacio alberga muchos lugares de interés, desde jardines hasta museos

—HAZLO REALIDAD—

El Palacio Imperial está al oeste de la estación de tren de Tokio.

La entrada al recinto es gratuita, pero a los museos no. A los jardines solo se puede acceder reservando una visita guiada (dos veces al día).

Hay estaciones de metro cerca de todas las entradas al recinto.

El Palacio Imperial es uno de los lugares más visitados de Tokio. Mejor dicho, sus jardines. El palacio en sí —un edificio bajo de la década de 1960— es la residencia principal de la familia imperial, por lo que está cerrado al público, pero su recinto es el lugar perfecto para relajarse.

Empieza en la esquina sureste, donde dos puentes cruzan el foso del palacio, dominado por una elegante torre. Esta estructura del siglo XVII parece un castillo en miniatura y, de hecho, formaba parte del castillo de Edo, que se alzaba en este lugar cuando Tokio era la sede del gobierno samurái (en aquella época, el emperador residía en Kioto).

Dirígete hacia el norte a través de la gran plaza del Palacio Imperial hasta llegar a los cuidados jardines de Higashi Gyoen, con árboles meticulosamente recortados, estanques salpicados de nenúfares y coloridas flores que cambian con las estaciones.

Más al norte está el parque Kitanomaru, que alberga el Museo Nacional de Arte Moderno, así como 90 *sakura* (cerezos) cuya floración atrae a verdaderas multitudes. Si tienes la suerte de estar en Tokio en primavera, alquila una barca para dar un paseo a remo por el foso de Chidorigafuchi y observa cómo los pétalos flotan a tu alrededor.

6

Revive el pasado en el Parque Conmemorativo de la Paz de Hiroshima

Reflexiona sobre el pasado y mira al futuro en el conmovedor parque y museo de Hiroshima

A primera vista, el Parque Conmemorativo de la Paz de Hiroshima es solo un bonito espacio verde en una ajetreada ciudad. Pero, si se mira más de cerca, se entiende su propósito: poner fin al uso de las armas nucleares recordando los horrores sufridos por la ciudad el 6 de agosto de 1945, cuando fue arrasada por una bomba atómica. Al final de la Segunda Guerra Mundial, Estados Unidos demostró el terrible poder de su nueva arma usándola contra Japón, la única potencia del Eje que aún no se había rendido. En Hiroshima y Nagasaki, donde se lanzó una segunda bomba el 9 de agosto, murieron unas 125 000 personas en cuatro días.

Cada día se depositan flores frescas ante un sencillo cenotafio con forma de tejado arqueado que cubre un cofre de piedra con la inscripción: «Descansad en paz, pues el error jamás se repetirá». El arco enmarca la cúpula Genbaku, a través de cuya estructura de metal se ve el cielo. La imagen tiembla por efecto del calor procedente de la Llama de la Paz, que se encendió en 1964 y no se extinguirá hasta la eliminación de todas las armas nucleares. El de la cúpula fue uno de los pocos edificios que quedaron en pie tras la explosión, que mató a 80 000 personas en el acto. Unas 60 000 murieron en los meses siguientes y más en los años posteriores a causa de los efectos de la radiación.

Cerca se alza el conmovedor monumento a la Paz de los Niños, que recuerda a las víctimas más jóvenes. Siempre está adornado con grullas de origami. Sasaki Sadako, una niña hospitalizada por leucemia en 1955, intentó hacer 1000 grullas de papel con la esperanza de curar su enfermedad (la grulla está relacionada con la longevidad). Murió antes de terminar, pero su esfuerzo convirtió las grullas de origami en un símbolo de paz. El monumento a las Víctimas Coreanas recuerda a los 20 000 coreanos muertos, la mayoría trabajadores forzados durante la colonización japonesa de Corea.

El Museo Conmemorativo de la Paz aporta contexto, desde evaluaciones desapasionadas de la proliferación de las armas nucleares hasta relatos personales profundamente conmovedores. Un diorama muestra Hiroshima en el momento de la explosión, y fotos y objetos cotidianos recuperados de la ciudad en ruinas ilustran historias humanas individuales.

El museo exhorta a los visitantes a la esperanza y la acción. Fuera hay un parque tranquilo y verde, situado en un terreno que nadie pensó que volvería a florecer. Y más allá está la próspera y moderna ciudad de Hiroshima, reconstruida tras la devastación para convertirse en testimonio de la esperanza y la resiliencia humanas.

—HAZLO REALIDAD—

Hiroshima está en el extremo occidental de la isla de Honshu (la mayor de Japón), a orillas del mar interior de Seto. Es una ciudad bastante grande, con más de un millón de habitantes.

El acceso al parque es gratuito, pero el museo cobra una pequeña entrada. Debido a la popularidad del museo, es aconsejable reservar las entradas con antelación para evitar colas. Los horarios de apertura varían a lo largo del año; consulta la web del museo antes de visitarlo *(hpmmuseum.jp)*.

Hiroshima es una parada de la línea San'yo de *shinkansen* entre Osaka y Hakata (en Fukuoka). El trayecto dura unos 90 minutos de Osaka a Hiroshima. Algunos trenes bala ofrecen servicios directos a Kagoshima en la línea Kyushu y a Tokio en la línea Tokaido. Desde la estación de Hiroshima salen tranvías y autobuses al Parque Conmemorativo de la Paz.

Combínalo con SHIMANAMI KAIDO

Onomichi, en el este de la prefectura de Hiroshima, marca el inicio de la ruta ciclista Shimanami Kaido (p. 178), que une Honshu con Shikoku a través de varias islas del mar interior de Seto.

La cúpula Genbaku, en el Parque Conmemorativo de la Paz de Hiroshima

«La multitud a tu alrededor se mueve al unísono cruzando por los cinco pasos de cebra de la intersección».

El concurrido cruce de Shibuya

7

Presencia el caos controlado del cruce de Shibuya

Sumérgete en una de las escenas callejeras más emblemáticas de Tokio

Si has visto una imagen de Tokio, probablemente sea esta: hasta 2500 personas cruzan simultáneamente varios pasos de cebra, rodeados de rascacielos cubiertos de publicidad y un derroche de color a su alrededor. Es el cruce de Shibuya y verlo en acción es una de las experiencias que hay que vivir en Japón.

Nada más llegar, el aire se llena de ruido: vehículos que circulan por la maraña de calles, conversaciones en varios idiomas, llamadas a los viajeros de la estación de tren de Shibuya o los acordes de la última canción pop en una de las enormes vallas publicitarias.

De repente, un nuevo sonido: el inconfundible pitido de la señal de cruce. La multitud a tu alrededor se mueve al unísono cruzando por los cinco pasos de cebra de la intersección. A medida que avanzas con ellos, el tráfico peatonal fluye sorteando los ocasionales obstáculos (en su mayoría, turistas que se paran a hacerse un selfi antes de que cambie el semáforo). En unos segundos, la marea se ha movido al otro lado del cruce.

Una vez que has experimentado el ejemplo perfecto del caos controlado de Tokio, quizás desees ir a uno de los miradores con vistas al cruce para contemplarlo desde arriba. O tal vez prefieras quedarte en el cruce y dejarte llevar por la corriente, al estilo tokiota.

HAZLO REALIDAD

Como su nombre indica, el cruce está en el céntrico barrio tokiota de Shibuya, cerca de la salida de Hachiko de la estación de Shibuya.

Para contemplar el cruce a vista de pájaro, reserva una entrada para el Shibuya Sky *(shibuya-scramble-square.com/sky)* o ve a una cafetería como L'Occitane Café.

La estación de Shibuya es la cuarta más transitada del mundo. Los andenes de la línea JR Yamanote son los más cercanos a la salida de Hachiko.

Visita un santuario sintoísta

1

Entrada al santuario

Por las torii (puertas) de entrada al recinto del santuario no solo pasan los humanos, sino también los dioses. Mantente a un lado, deja la zona central para las deidades e inclínate al cruzar el umbral.

2

Purificación ritual

La pila de piedra con varios cucharones que verás poco después de entrar es para la purificación. Vierte un poco de agua sobre tu mano izquierda y luego sobre la derecha. Por último, vierte un poco más en la izquierda y úsala para enjuagarte rápidamente la boca.

3

Rezo

Echa una moneda en la caja de ofrendas: cinco yenes se consideran muy auspiciosos, ya que se pronuncian go-en, un homónimo de suerte. Agita la cuerda para que suene la campana y, ahora que los dioses te prestan atención, haz dos reverencias y aplaude dos veces antes de rezar. Vuelve a inclinarte cuando termines.

Arriba El Kiyomizu-dera, sobre una colina
Izquierda Túnel de *torii* del Fushimi Inari Taisha

8

Retrocede en el tiempo en los templos y santuarios de Kioto

Los lugares religiosos de la antigua capital son la joya de su brillante corona

Calles adoquinadas y casas de madera, jardines de grava meticulosamente cuidados, *geishas* y *maiko* impecables. Piensa en Kioto y quizás te vengan a la mente estas imágenes. La ciudad, corazón de la cultura nipona, alberga muchos de los santuarios, templos y sitios imperiales más importantes del país. Por lo tanto, intenta ver todos los que puedas.

A escasos minutos de la moderna estación de tren de Kioto hay dos templos budistas declarados Patrimonio de la Humanidad por la Unesco. El Nishi-Hongan-ji, fundado en 1591, está asociado a la secta budista Jodo («Tierra Pura»); sus imponentes edificios y enormes terrazas de piedra causan una fuerte impresión. El To-ji, más al sur, tiene un exuberante jardín dominado por una espectacular pagoda de cinco pisos, construida en el año 826.

Para ver más lugares incluidos en la lista de la Unesco (hay 17 en la ciudad y sus alrededores, agrupados bajo el nombre de monumentos históricos de la antigua Kioto) hay que alejarse del centro. En el distrito de Higashiyama («Montaña del Este»), el rígido plano cuadriculado de Kioto se disuelve en sinuosos senderos que siguen los contornos del terreno. Aquí está el templo budista más famoso de la ciudad, el Kiyomizu-dera, que data del siglo VIII. La frase hecha «saltar desde el escenario del Kiyomizu», que significa realizar un acto de fe, hace referencia a la terraza del edificio principal, situada a 13 metros del suelo. No hay que pasar por alto los demás edificios del recinto, como el Jishu-jinja, un santuario sintoísta (la religión animista autóctona de Japón), donde se reza para tener suerte en el amor. En el extremo norte de Higashiyama se sitúa el Ginkaku-ji, un templo zen del siglo XV conocido por sus cuidados jardines.

Si el sobrio Ginkaku-ji fue el centro de la cultura Higashiyama, el fastuoso Kinkaku-ji encabezó la cultura Kitayama («Montaña del Norte»). Cubierto de pan de oro y reflejado en un estanque, es uno de los edificios más emblemáticos de Kioto. El cercano Ryoan-ji es conocido por su *karesansui* (jardín de arena) con 15 rocas, de las que solo se pueden ver 14 a la vez, no importa desde dónde se mire.

Pero sería una pena limitarse a la lista de la Unesco, ya que no están incluidos algunos de los santuarios sintoístas más importantes y famosos de la ciudad, como el popular Fushimi Inari Taisha, en el sureste, con sus cientos de *torii* (puertas) rojas. Con tantos lugares que visitar, una cosa es segura: tendrás que adoptar una mentalidad zen y aceptar que no podrás verlo todo en una sola visita.

—HAZLO REALIDAD—

Los templos y santuarios están repartidos por toda la ciudad, pero algunos de los más famosos se agrupan en el oeste (Arashiyama) y el este (Higashiyama).

En la mayoría de los santuarios y templos se cobra entrada y en algunas zonas, como la *tainai-meguri* (cámara subterránea) del Kiyomizu-dera, se paga un cargo extra. Recuerda que se trata de lugares religiosos en uso, por lo que debes comportarte de manera apropiada y respetar al personal y a los fieles.

Kioto está en la línea Tokaido de *shinkansen* (Tokio-Osaka) y en otras líneas ferroviarias. En la ciudad es fácil desplazarse en tren, autobús y metro. Su trazado cuadriculado y la ausencia de colinas también facilitan la exploración del centro y las visitas a los templos a pie o en bicicleta.

El Kinkaku-ji, o templo del Pabellón Dorado, en Kioto

9

Recorre Japón en un tren bala en un abrir y cerrar de ojos

Disfruta de un viaje de alta tecnología a gran velocidad a través de paisajes espectaculares en la línea Tokaido de *shinkansen*

El tren bala no es solo una forma cómoda de viajar entre ciudades, sino también una combinación de muchos aspectos clave de la sociedad japonesa moderna: el más obvio, la innovación tecnológica. En 1964 se inauguró la línea Tokaido de *shinkansen* entre Osaka y Tokio, la primera línea ferroviaria de alta velocidad del mundo, que redujo la duración del viaje entre ambas ciudades de seis horas y media a cuatro. Desde entonces, la red se ha extendido y los ingenieros han trabajado duro para ahorrar más tiempo. Y aunque la velocidad es esencial —los trenes bala alcanzan los 285 kilómetros por hora—, la seguridad también lo es. En 2021, la red de *shinkansen* había transportado a más de 6400 millones de pasajeros y no se había perdido ni una sola vida en una colisión o descarrilamiento.

Pero ¿cómo es viajar en un tren bala? A pesar de la vertiginosa velocidad, es sorprendentemente tranquilo, en gran parte debido a la atención al detalle que se dispensa a bordo, propia de la hospitalidad japonesa. El personal se inclina al entrar y salir de los vagones y siempre va impecablemente vestido con uniformes planchados y guantes blancos inmaculados. Un pequeño ejército de personas limpian el tren a fondo en cada extremo de la línea y, al terminar, saludan cortésmente a los pasajeros que aguardan en el andén. Y el diseño interior prioriza la comodidad de los pasajeros: las filas de asientos pueden girarse 180 grados para que los grupos se sienten juntos y el equipaje quepa detrás.

Todo es bonito a bordo, pero también hay que disfrutar de los espectaculares paisajes durante el trayecto. Hay muchas rutas pintorescas entre las que elegir y la red se extiende desde la isla de Hokkaido, en el norte, hasta la de Kyushu, en el sur. Sin embargo, la línea Tokaido sigue siendo la más emblemática. Lleva el nombre de la antigua carretera que unía Kioto y Tokio, y ha sido durante mucho tiempo la línea de *shinkansen* más utilizada. Recorrer esta ruta a pie llevaría semanas, pero el tren bala más rápido puede hacerlo en dos horas y cuarto. En todo caso, los viajeros de hoy y los de hace siglos tienen algo en común: la esperanza de vislumbrar el monte Fuji por el camino. Reserva un asiento *Fuji-gawa* (en el lado del Fuji) y ten preparada la cámara de fotos. Merece la pena el esfuerzo: la vista de la montaña —simétrica, con la cumbre nevada— te dejará sin aliento, si es que el tren bala no lo ha hecho ya.

—HAZLO REALIDAD—

La línea Tokaido de *shinkansen* une Tokio y Osaka, con paradas importantes en Yokohama, Nagoya y Kioto.

Hay varios modelos de *shinkansen*, lanzados a medida que mejoraba la tecnología y aumentaban las velocidades máximas. El JR Pass cubre el viaje en la mayoría de ellos, pero para los más rápidos (Nozomi y Mizuho) hay que pagar un suplemento. Todos los trenes tienen *jiyuuseki* (asientos no reservados) y *shiteiseki* (reservados). Reservar asiento tiene un coste extra, pero los titulares del JR Pass pueden hacerlo gratis.

En Tokio hay dos estaciones de la línea Tokaido. La más céntrica es la estación de Tokio; Shinagawa está más al sur, más cerca del aeropuerto de Haneda. La estación de Shin-Osaka está exclusivamente dedicada al *shinkansen*.

Un tren bala pasa a gran velocidad ante el monte Fuji

Combínalo con TORRE DE TOKIO

El único problema de la vista desde la Skytree es que no incluye la Skytree. Para solucionarlo ve a la otra torre emblemática de la ciudad, la Torre de Tokio (p. 154), y goza de una buena vista de la Skytree, al norte.

La Tokyo Skytree se eleva sobre el paisaje urbano de Tokio

10

Sube a las alturas en la Tokyo Skytree

La torre más alta del mundo es un elemento distintivo del perfil urbano de Tokio

—HAZLO REALIDAD—

Situada en el distrito de Sumida, en el noreste de Tokio.

Reserva la entrada por internet *(tokyo-skytree.jp)*.

Toma la línea Tobu Isesaki hasta la estación de Tokyo Skytree o una de las tres líneas a Oshiage.

Incluso en una ciudad de rascacielos, la Tokyo Skytree impresiona. Con 634 metros, es la torre más alta y la tercera estructura más alta del mundo.

Sí, la Skytree es elegante y futurista, una maravilla de la ingeniería moderna, pero en su diseño también se aplican principios tradicionales japoneses. Utiliza un pilar central a prueba de terremotos inspirado en las robustas pagodas tradicionales de madera. El color de su celosía se basa en el *aijiro*, el tono azul más pálido utilizado por los tintoreros de índigo. Incluso la altura de la torre tiene un significado cultural: 634 puede leerse como Musashi, antigua provincia de Japón que abarcaba gran parte de la actual Tokio.

A pesar de su espectacularidad, el diseño de la torre queda en segundo plano frente a otro aspecto: las impresionantes vistas. Tiene dos miradores, el primero y el segundo más altos de Japón, a 450 y 350 metros. Ambos ofrecen vistas de 360 grados de la ciudad, que se extiende hasta la bruma del horizonte. Y en ese horizonte se eleva algo más alto que la propia Skytree: el monte Fuji.

Visita el castillo del Cuervo de Matsumoto

Vuelve a la época de los samuráis en uno de los pocos castillos originales de Japón

La ciudad de Matsumoto, en el centro de Honshu, posee un sinfín de atractivos: su pintoresco casco histórico, situado en torno a un canal; los *kura* (almacenes) blancos restaurados que bordean las calles aledañas; las vistosas obras de lunares de la artista local Yayoi Kusama, que se esparcen alegremente por el recinto del museo de arte de la ciudad. Pero, sin duda, el primer puesto se lo lleva su emblemático castillo, el Matsumoto-jo. La mayoría de los castillos de Japón son réplicas —muy impresionantes—, pero este es original: data de 1594 y lo construyó el poderoso clan samurái Ishikawa en el periodo Sengoku (o de los Estados en Guerra), que abarcó los siglos XV y XVI.

El castillo es a la vez elegante y austero, pintoresco e imponente. Sus muros negros le han valido el apodo de «castillo del Cuervo». Cuando lo ves con los Alpes nevados al fondo, con sus tejados suavemente curvados, que parecen desplegarse como alas, casi puedes creer que está a punto de alzar el vuelo.

Además de contemplarlo desde el recinto, puedes entrar para ver las enormes vigas que sostienen la estructura y las fascinantes muestras de armaduras samuráis, espadas y pistolas de siglos pasados. En lo más alto, escondido en un alero, hay un pequeño santuario sintoísta: los guerreros estaban seguros de sí mismos, pero un poco de protección divina nunca viene mal.

HAZLO REALIDAD

Matsumoto está en el centro de Honshu, cerca de Nagano.

Consulta horarios y tarifas en la web *(matsumoto-castle.jp)*. Ten en cuenta que las escaleras del castillo son muy empinadas y estrechas.

Toma un tren directo Limited Express de Tokio a Matsumoto o el *shinkansen* a Nagoya o Nagano, y luego un tren local.

Cerezos en flor en el recinto del Matsumoto-jo

Consejos para disfrutar del sushi

1

Aprende cómo comerlo

Puedes usar palillos o las manos. Cada pieza se come de un bocado después de mojar la parte del pescado (el arroz puede deshacerse) en salsa de soja.

2

Elige el lugar adecuado

¿Es la primera vez? Ve a un kaitenzushi *(restaurante con cinta transportadora) para probar sushi de muchos tipos a buen precio.*

3

Conoce tus opciones

Si no te convence el pescado crudo, busca alternativas como la tamagoyaki *(tortilla), el* maki *de pepino, el* tataki *de ternera, el* inari *(sushi de tofu) o la tempura.*

12

«Shiogama es famosa por tener más restaurantes de sushi per cápita que cualquier otro lugar del país».

Sashimi fresco cortado con destreza

Saborea el *sushi* y el *sashimi* más frescos

El producto culinario más famoso de Japón se disfruta más en el país donde se inventó y perfeccionó

A principios de siglo, el *sushi* era una rareza fuera de Japón, pero hoy en día se pueden degustar estos bocados de arroz sazonado y pescado crudo en todo el mundo. Aun así, el país de origen del *sushi* sigue siendo el mejor lugar del mundo para degustarlo. Puedes reservar mesa en un restaurante *omakase* (menú a elección del chef) con estrellas Michelin o ir a un *kaitenzushi* y elegir entre lo que pase por la cinta transportadora. Pero para que la experiencia sea más intensa, acude a la capital japonesa del *sushi*.

La ciudad costera de Shiogama, en el norte de Honshu, es famosa por tener más restaurantes de *sushi* per cápita que cualquier otro lugar del país. Los habitantes están orgullosos de su calidad, y con razón. Además de disponer de buen pescado —sobre todo atún—, en la prefectura de Miyagi (donde se encuentra Shiogama) se cultiva un arroz especialmente aromático. Ningún restaurante de *sushi* de la ciudad te defraudará, pero es en el mercado donde encontrarás el pescado más fresco. Dirígete a uno de los puestos de *sushi* o ve eligiendo aquí y allá los ingredientes más apetitosos para preparar tu propio *kaisendon (sashimi* sobre un bol de arroz). Y ya que estás aquí, prueba las ostras de mayor calidad del país, las de la bahía de Matsushima, una pintoresca localidad que está situada a un corto trayecto en tren de Shiogama.

HAZLO REALIDAD

Shiogama se encuentra en la prefectura de Miyagi, en la costa noreste de la isla de Honshu, no muy lejos de Sendai y Matsushima.

El mercado de pescado cierra poco después del mediodía *(nakaoroshi.or.jp)*, pero hay muchos restaurantes de *sushi* donde ir después.

Desde Tokio hay que tomar la línea Tohoku de *shinkansen* a Sendai, capital de Miyagi, y luego la línea JR Senseki hasta Shiogama.

Admira las elaboradas tallas del Tosho-gu de Nikko

La última morada de los samuráis que ayudaron a unificar Japón es uno de los santuarios más impresionantes del país

Tokugawa Ieyasu era un hombre de gustos sencillos. Teniendo en cuenta que puso fin al convulso período Sengoku o de los «Estados en guerra» (una época de gran agitación social y luchas casi constantes entre los siglos XV y XVI) e inició el estable *shogunato* Tokugawa, no hay duda de su relevancia histórica. Sin embargo, antes de morir declaró que no quería nada ostentoso para su monumento, solo un «pequeño santuario» desde el que su espíritu pudiera proteger a la nación.

Su nieto, Iemitsu, tenía otros planes. Ignorando los deseos de su abuelo, decidió encargar el mausoleo más suntuoso que Japón había visto jamás, un monumento a la altura del legendario estatus de Ieyasu. Nunca se sabrá que pensó este del resultado final, pero en los siglos transcurridos desde su muerte, en 1616, el Tosho-gu (su mausoleo y el espectacular complejo religioso que lo rodea) se ha convertido en uno de los tesoros artísticos más importantes país.

El Tosho-gu muestra la cumbre de la artesanía japonesa del siglo XVII y cada uno de sus edificios es una obra de arte por derecho propio. Aunque la brillante Yomeimon (puerta del Sol) y la alta pagoda de cinco pisos son lo más destacado, las abundantes tallas de madera son quizás los elementos más cautivadores y singulares del lugar. Cerca de la entrada llama la atención una en particular: tres monos pintados en vivos colores con los gestos de «no ver el mal, no decir el mal y no oír el mal». Este toque juguetón se ve en muchas otras tallas, como los cercanos «elefantes imaginados» (el artista nunca había visto uno y decidió dotarlos de garras) o el «gato dormido», dulce y de aspecto doméstico que está a la entrada de la larga escalinata de piedra que conduce al mausoleo.

Es en el mausoleo donde los gustos más sobrios de Ieyasu acaban por imponerse. La tumba, a la sombra de unos árboles maduros, es pequeña y de estilo minimalista. Al lado del elaborado diseño del santuario, esta sencillez resulta conmovedora e invita a detenerse y contemplar los increíbles logros de Ieyasu.

Cuando desciendas del mausoleo y salgas del complejo religioso puedes visitar los otros santuarios y templos de Nikko. Todos han sido declarados Patrimonio de la Humanidad por la Unesco, que ha reconocido su gran importancia cultural y su mérito artístico. No es de extrañar que Iemitsu decidiera hacerlo a lo grande: el santuario de Ieyasu tenía otros monumentos con los que competir.

—HAZLO REALIDAD—

Nikko está al norte de Tokio, lo bastante cerca como para hacer una excursión de un día (unas dos horas en coche), pero vale la pena quedarse a pasar la noche y conocer el resto de la ciudad y los paisajes de la zona de Oku-Nikko.

El santuario abre todos los días, pero es mejor visitarlo por la mañana para evitar las multitudes. Vale la pena visitar el Museo Nikko Toshogu, fuera del complejo, para conocer mejor la vida y la época de Tokugawa Ieyasu; se venden entradas individuales y combinadas para el santuario y el museo.

Los trenes de JR y Tobu conectan Nikko y Tokio; salen de las estaciones de Tobu-Asakusa, Tokio, Ueno y Shinjuku, en la capital. El santuario está a 30-40 minutos a pie o a 10 minutos en autobús de las estaciones de Nikko.

Izquierda Los famosos tres monos del Tosho-gu de Nikko
Abajo El santuario Tosho-gu, con su intrincada decoración

Combínalo con KIOTO

Al igual que Nikko, Kioto (p. 37) cuenta con santuarios y templos declarados Patrimonio de la Humanidad por la Unesco. Desde Tokio hay conexiones regulares de shinkansen *y trenes expresos limitados a ambas ciudades, por lo que es posible visitarlas en el mismo viaje a Japón.*

14

Dos luchadores compiten en un torneo de sumo

Combínalo con AKIHABARA

El barrio tokiota de Ryogoku está a dos paradas de Akihabara (p. 198)*. Para experimentar la famosa mezcla japonesa de tradición e hipermodernidad puedes pasar la tarde viendo los rituales sintoístas del sumo y la noche en los salones recreativos y cafés nocturnos de Akiba (como lo llaman los locales).*

Maravíllate ante los gigantes del sumo

Ver en directo el deporte nacional japonés es una experiencia apasionante

El sumo se basa en la expectación. Los torneos comienzan con los *rikishi* (luchadores) de menor rango y el público aumenta a medida que se acercan los combates de alto nivel. A media tarde, las cámaras destellan entre la multitud en un ambiente cargado de emoción.

Es entonces cuando entran en escena los gigantes de este deporte: los *makuuchi*. Estos *rikishi* de alto rango entran en el estadio en procesión, con el torso desnudo, el pelo recogido en un moño y coloridos *mawashi* (cintos). Detalles como estos, que ponen de relieve los siglos de historia del sumo y sus estrechos vínculos con el sintoísmo, elevan este deporte de algo divertido de ver a un emblema nacional. Cierran la ceremonia los *yokozuna*, los luchadores de mayor rango.

Por fin pueden empezar los combates entre los *makuuchi*. Dos luchadores entran en el *dohyo* y se intimidan con miradas, profundas sentadillas y estruendosos pisotones. De vez en cuando, uno se da la vuelta, toma sal purificadora y la arroja al suelo. Entonces comienzan a cargar el uno contra el otro en un violento choque de piel y músculos.

Todo acaba en cuestión de segundos. Un luchador solo tiene que tocar el suelo con una parte del cuerpo que no sean los pies o, lo que es más dramático, salir despedido del *dohyo*. El árbitro mueve un abanico para señalar al vencedor y nombra su movimiento ganador. Después, el público enloquece.

HAZLO REALIDAD

Hay tres torneos anuales en Tokio, en el Ryogoku Kokugikan (barrio de Ryogoku); otros tres se alternan entre Osaka, Nagoya y Fukuoka.

Consulta los horarios y adquiere las entradas en *sumo.or.jp/En* o *buysumotickets.com*. Se recomienda reservar con antelación.

El Ryogoku Kokugikan, donde se celebra la mayoría de los torneos de sumo, está cerca de la estación de Ryogoku, a la que se llega con la línea JR Sobu.

Una ruta clásica por Japón

DURACIÓN 14 días **INICIO** Tokio; vuela a uno de los aeropuertos internacionales de la ciudad: Narita o Haneda **DESPLAZAMIENTOS** Trenes bala y regulares; ferri a Itsukushima
FIN Hiroshima; los trenes bala tardan 4-5 horas en llegar a Tokio

Este itinerario, que incluye algunos de los lugares más conocidos y mejores experiencias del país, es perfecto para quienes visitan Japón por primera vez. Recorre la isla más grande del país, Honshu, haciendo paradas en pueblos históricos, ciudades modernas y localidades costeras. Muchos viajeros llegan a Japón por la capital, Tokio, que también es el mejor lugar para comenzar un gran viaje; se recomienda pasar en ella un par de días para adaptarse a los ritmos del país antes de partir. A lo largo de dos semanas experimentarás todo lo que hace de Japón un país memorable: pasear por evocadores templos, degustar el *sushi* más fresco y el *ramen* más sabroso y contemplar rascacielos futuristas, por no hablar de la eficiente red ferroviaria del país. Al final del viaje habrás creado recuerdos para toda la vida.

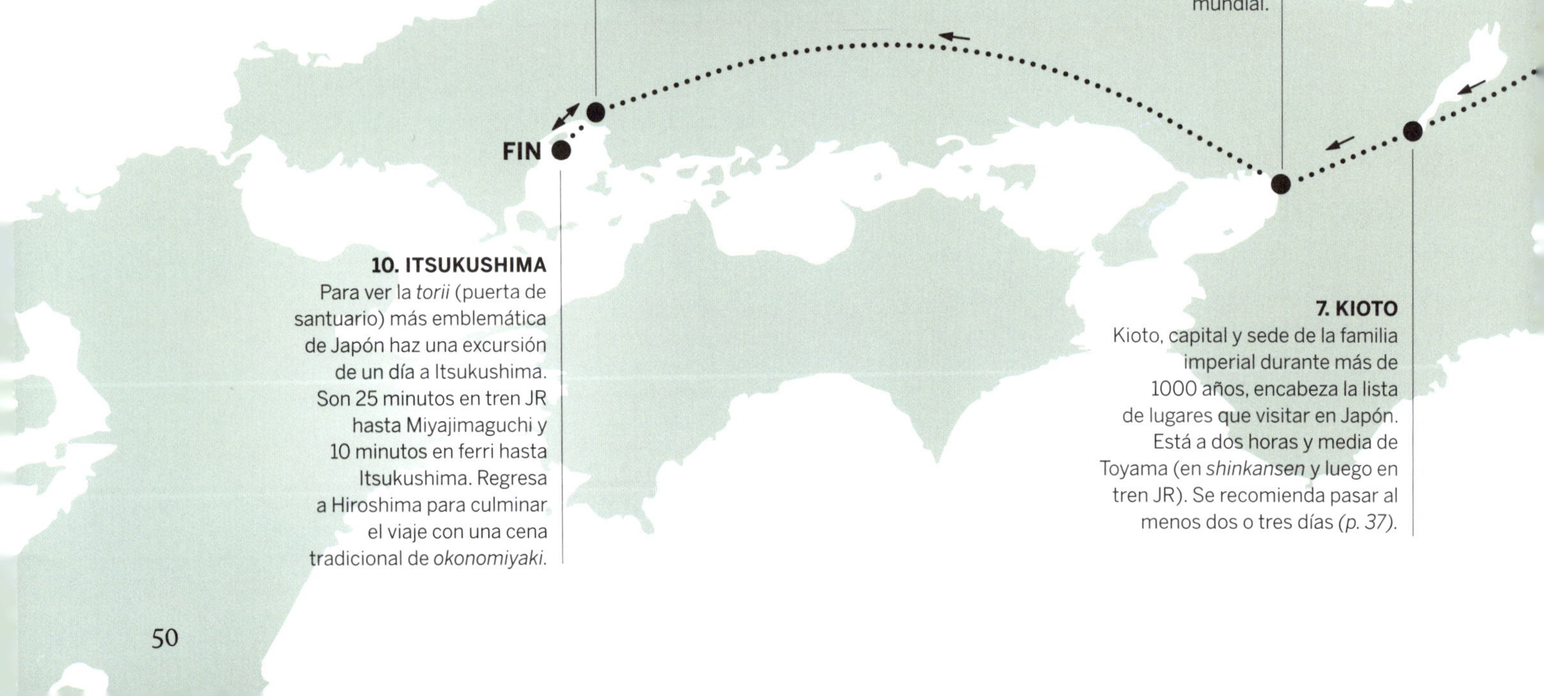

9. HIROSHIMA
Toma el *shinkansen* desde la estación de Shin-Osaka hasta Hiroshima, una ciudad que renació tras la devastadora bomba atómica de 1945 *(p. 32)*.

8. OSAKA
La tercera ciudad más grande de Japón está a 15 minutos de Kioto en *shinkansen*. Pasa la noche en sus barrios cubiertos de neones y conoce su escena gastronómica, de talla mundial.

10. ITSUKUSHIMA
Para ver la *torii* (puerta de santuario) más emblemática de Japón haz una excursión de un día a Itsukushima. Son 25 minutos en tren JR hasta Miyajimaguchi y 10 minutos en ferri hasta Itsukushima. Regresa a Hiroshima para culminar el viaje con una cena tradicional de *okonomiyaki*.

7. KIOTO
Kioto, capital y sede de la familia imperial durante más de 1000 años, encabeza la lista de lugares que visitar en Japón. Está a dos horas y media de Toyama (en *shinkansen* y luego en tren JR). Se recomienda pasar al menos dos o tres días *(p. 37)*.

INICIO

1. TOKIO
La capital de Japón es el lugar perfecto para comenzar el viaje. Pasa dos días explorando tanto la parte tradicional de la ciudad (por ejemplo, el Palacio Imperial; *p. 31*) como su dinámico centro (se recomienda el triángulo del arte de Roppongi).

2. NIKKO
Abandona la capital. Toma un tren Tobu y haz el trayecto de dos horas desde Asakusa hasta Nikko *(p. 46)*. Dedica uno o dos días a explorar los templos y santuarios, patrimonio de la Unesco, y a disfrutar del paisaje.

3. KITAKATA
El viaje de cuatro horas (combinando trenes regulares y bala) desde Nikko hasta Kitakata puede ser largo, pero merece la pena: Kitakata es la ciudad con más restaurantes de *ramen* del país *(p. 30)*.

4. SHIOGAMA
Madruga y ve a la capital japonesa del *sushi*. Toma el tren a Koriyama, luego el *shinkansen* a Sendai y la línea JR Tohoku hasta Shiogama. Cuatro horas más tarde disfrutarás de un almuerzo en un restaurante de *sushi* *(p. 45)*.

5. MATSUMOTO
No te puedes perder el castillo de Matsumoto *(p. 43)*, así que prepárate para un largo viaje desde Shiogama. Vale la pena hacer una parada en Tokio. Matsumoto está a solo dos horas y media de la capital en tren JR.

6. TOYAMA
Desde Matsumoto hay dos horas hasta Toyama en tren JR. La ciudad es una buena base para ver bellos paisajes alpinos, encantadores pueblos y una increíble artesanía.

JAPÓN

ATEMPORAL

A medida que Japón acelera hacia el futuro resulta aún más sorprendente lo arraigado que está en la tradición. Vayas donde vayas notarás los hilos que unen el pasado con el presente.

EN EL MAPA

JAPÓN ATEMPORAL

- **15** Participa en una ceremonia del té
- **16** Sumérgete en la cultura ainu en Upopoy
- **17** Practica la tradición del teñido con añil
- **18** Descubre la historia cristiana oculta de Nagasaki
- **19** Asiste a una representación de kabuki
- **20** Profundiza en el período Jomon en Sannai-Maruyama
- **21** Celebra la cultura ryukyuan en Okinawa
- **22** Visita los baños termales de Kinosaki Onsen
- **23** Aprecia la belleza del Motonosumi Inari Taisha
- **24** Admira la intrincada porcelana de Arita
- **25** Alimenta tu espíritu con una estancia en un templo
- **26** Relájate y recarga energía en un *ryokan*
- **27** Acércate al maestro del haiku en Iga-Ueno
- **28** Domina el arte de la xilografía *ukiyo-e*

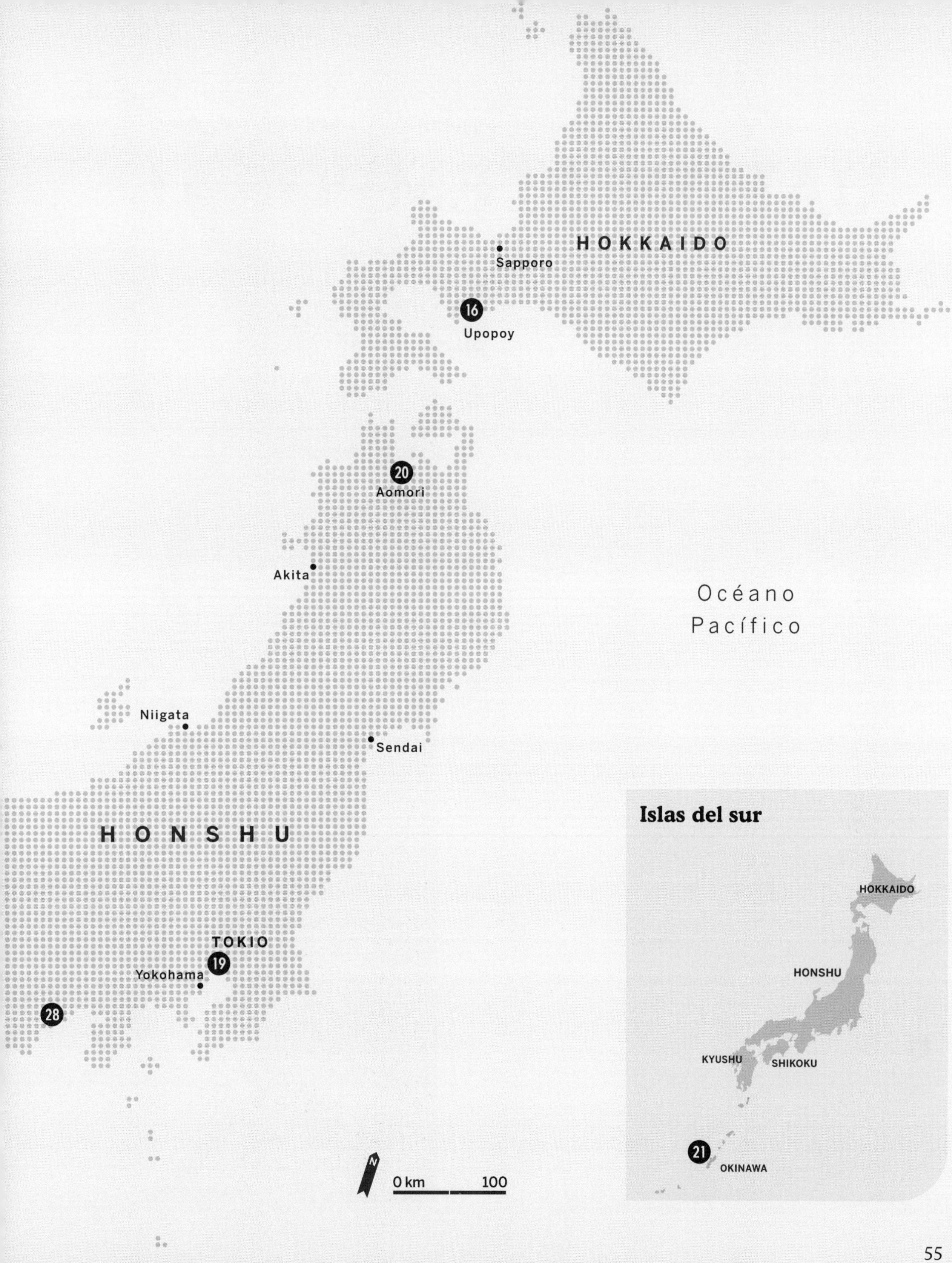
HOKKAIDO
Sapporo
16
Upopoy
20
Aomori
Akita
Océano
Pacífico
Niigata
Sendai
HONSHU
TOKIO
19
Yokohama
28
0 km
100
N
Islas del sur
HOKKAIDO
HONSHU
KYUSHU
SHIKOKU
21
OKINAWA

Participa en una ceremonia del té

El *chado* es una celebración de la delicada cultura japonesa del té

Japón es conocido por hacer de lo cotidiano algo extraordinario, y eso es exactamente lo que hace el *chado* o «camino del té». Esta planta llegó a Japón desde China en el siglo IX. A partir de entonces, los nobles contrataron a maestros del té para dirigir ceremonias privadas. Los principios que guían el *chado* moderno —sencillez y atención plena— pasaron a primer plano en el siglo XVI, cuando el maestro Sen no Rikyu promovió un tipo de ceremonia enraizada en el budismo zen. Rikyu sentó las bases para su democratización y, con el paso de los siglos, se convirtió en algo que todo el mundo podía disfrutar.

Tanto si dura 4 horas o 20 minutos, el *chado* es un rito muy metódico que gira en torno a las enseñanzas de Rikyu. La ceremonia tiene muchas reglas, pero, en resumen, comienza con un paseo por el recinto (normalmente un jardín) para llegar a la casa de té. Una vez dentro, el anfitrión suele servir *wagashi* (dulces tradicionales) y, a continuación, bate el té verde en polvo *(matcha)* en agua caliente. La ceremonia termina cuando se han bebido todas las tazas.

En Japón abundan las ceremonias del té y muchas tienen lugar en jardines tradicionales. Sin embargo, para degustar el mejor té y disfrutar del arte del *chado* se recomienda ir a la ciudad de Uji y asistir a una ceremonia en el centro Chazuna o en la elegante casa de té Taihoan.

HAZLO REALIDAD

Uji está en la prefectura de Kioto, al sur de la ciudad de Kioto. El centro Chazuna está cerca de la estación de Keihan; la casa de té Taihoan está cerca de la estación de JR.

Chazuna *(uji-chazuna.kyoto)* y Taihoan *(kyoto-uji-kankou.or.jp/taihoan-en.html)* abren a diario, pero solo se puede asistir a la ceremonia del té previa reserva.

La línea JR Nara une Kioto y Uji. La estación de la línea Keihan de Uji está conectada con la estación de Chushojima, desde donde se puede tomar el tren al este de Kioto.

Preparación del té en una ceremonia

Protocolo del chado

1

Respeta la sala

Si la ceremonia se celebra en un entorno tradicional tendrás que sentarte en un tatami. Lleva calcetines blancos limpios para cambiarte y no ensuciar el suelo. Observa la decoración (un pergamino y un arreglo floral) antes de sentarte.

2

Admira la taza

Te entregarán la taza con su mejor cara orientada hacia ti. Tómate un momento para admirarla y luego dale la vuelta para beber por el otro lado.

3

Bebe

Comete todo el wagashi que te sirvan y bébete todo el té. Se ha preparado con mucho esmero, por lo que se considera de mala educación dejar algo.

Sumérgete en la cultura ainu en Upopoy

Este fascinante museo nacional está dedicado a los pueblos autóctonos del norte de Japón

Hokkaido, la segunda isla más grande de Japón, es famosa por muchas cosas: ricos productos lácteos, inmaculada nieve en polvo y onduladas tierras de cultivo, por nombrar algunas. Recientemente se ha incorporado a la lista el Museo y Parque Nacional Ainu de Upopoy, donde se documenta y celebra la cultura autóctona de la región. Por supuesto, la cultura en sí no es nueva, sino que se remonta, al menos, al siglo XIII. Los ainu eran el grupo dominante en Hokkaido. Vivían en armonía con la naturaleza, aprovechando la riqueza de la tierra y el mar para sobrevivir a los gélidos inviernos. También desarrollaron su propia religión animista con multitud de dioses *(kamuy)*, que cruzan la frontera entre el reino espiritual *(kamuy mosir)* y el humano *(ainu mosir)*.

Alrededor de 1600, los productos ainu —como las algas, el salmón y la seda de calidad que obtenían comerciando con China— constituían la base de una próspera relación comercial con los japoneses, que vivían en las islas del sur. Sin embargo, a lo largo de los siglos, esa relación cambió. En 1869, Japón se anexionó Hokkaido y empezó a aplicar políticas de asimilación forzosa. Debido a esto y a que muchos ocultaron su ascendencia para evitar la discriminación, es difícil saber cuántas personas de ascendencia ainu hay actualmente (las estimaciones oscilan entre 15 000 y 200 000).

Tras décadas de activismo ainu, en 2019, el gobierno japonés reconoció oficialmente a los ainu como pueblo nativo de Japón. Un año después se inauguró Upopoy (palabra ainu que significa cantar en grupo) para documentar y dar a conocer la cultura ainu. Está situado en la boscosa orilla del lago Poroto y es el museo nacional más septentrional de Japón. Una llamativa arquitectura moderna inspirada en la imaginería ainu recibe al visitante. Su pesada estructura recuerda a los almacenes *pu* (sobre pilotes), mientras que el diseño geométrico que rodea la entrada se basa en las esteras de juncos que se ven en cualquier casa tradicional ainu.

La señalización del museo está escrita en varios idiomas, incluido el ainu, que la Unesco ha declarado en peligro crítico de extinción. Las interesantes exposiciones abordan temas como la vestimenta tradicional y los objetos cotidianos; se muestra lo práctico (por ejemplo, las raquetas para nieve de piel de salmón tratada) y lo bello (las tallas de madera). Pero no te limites a mirar los objetos. Participa en una actividad artesanal o asiste a una representación de danza y música, una impactante forma de experimentar esta cultura viva.

—HAZLO REALIDAD—

Upopoy se encuentra en la localidad de Shiraoi, a orillas del lago Poroto, cerca de Noboribetsu, en el sur de Hokkaido.

El museo suele cerrar los lunes; aparte de los horarios, la web ofrece información sobre eventos y actividades *(ainu-upopoy.jp/en)*. Para las actividades y exposiciones especiales no incluidas en el precio de la entrada, primero hay que registrarse *in situ* y luego comprar las entradas adicionales en las máquinas expendedoras.

Los trenes de la línea JR Hokkaido entre Hakodate y Sapporo paran en la estación de Shiraoi, a pocos minutos a pie del museo. Si vienes de Honshu, toma la línea Tohoku de *shinkansen* hasta Aomori y luego la Hokkaido hasta Hakodate, antes de cambiar a los trenes locales. Otra opción es volar al aeropuerto de New Chitose, en Sapporo, y luego tomar el tren.

Vestimenta tradicional ainu

Combínalo con HAKODATE

A esta ciudad portuaria del extremo sur de Hokkaido llegan los trenes de Honshu a través del túnel ferroviario submarino más profundo del mundo (p. 175). *Fue el punto de intercambio comercial entre los ainu y los japoneses, y en ella atracaban los kitamaebune (barcos con destino al norte) procedentes de lugares tan lejanos como Osaka.*

Practica la tradición del teñido con añil

Tiñe una pieza de tela en un taller fundado en 1580

El tinte extraído de la planta del añil o índigo fue muy apreciado en Japón durante siglos. Alcanzó su apogeo en el período Edo, con el aumento del cultivo del algodón, que era fácil de teñir. El *aizome* (teñido con añil), que mezcla las hojas secas de la planta con agua y otros ingredientes naturales, estaba de moda y personas de toda condición vestían prendas de un intenso color azul.

Con la llegada de los tintes químicos, esta artesanía se ha vuelto menos común y solo se conserva en unas pocas localidades. Una de ellas es Gujo-Hachiman, donde queda un solo taller de *aizome:* Watanabe Somemono. Bajo la dirección del propietario, de la 15.ª generación, los artesanos continúan con un legado de más de cuatro siglos y crean tejidos con añil natural, que se convierten en hermosas prendas, complementos y tapices decorativos. Vive la experiencia para conocer la destreza y el cuidado que se ponen en esta artesanía; sumerge tu propia tela en el tinte, luego átala, prénsala y envuélvela para crear un recuerdo único.

— HAZLO REALIDAD —

Gujo-Hachiman está en la prefectura de Gifu, en el centro de Honshu.

Reserva la experiencia con antelación *(visitgifu.com).*

Toma un autobús de Nagoya a Gujo-Hachiman (90 minutos).

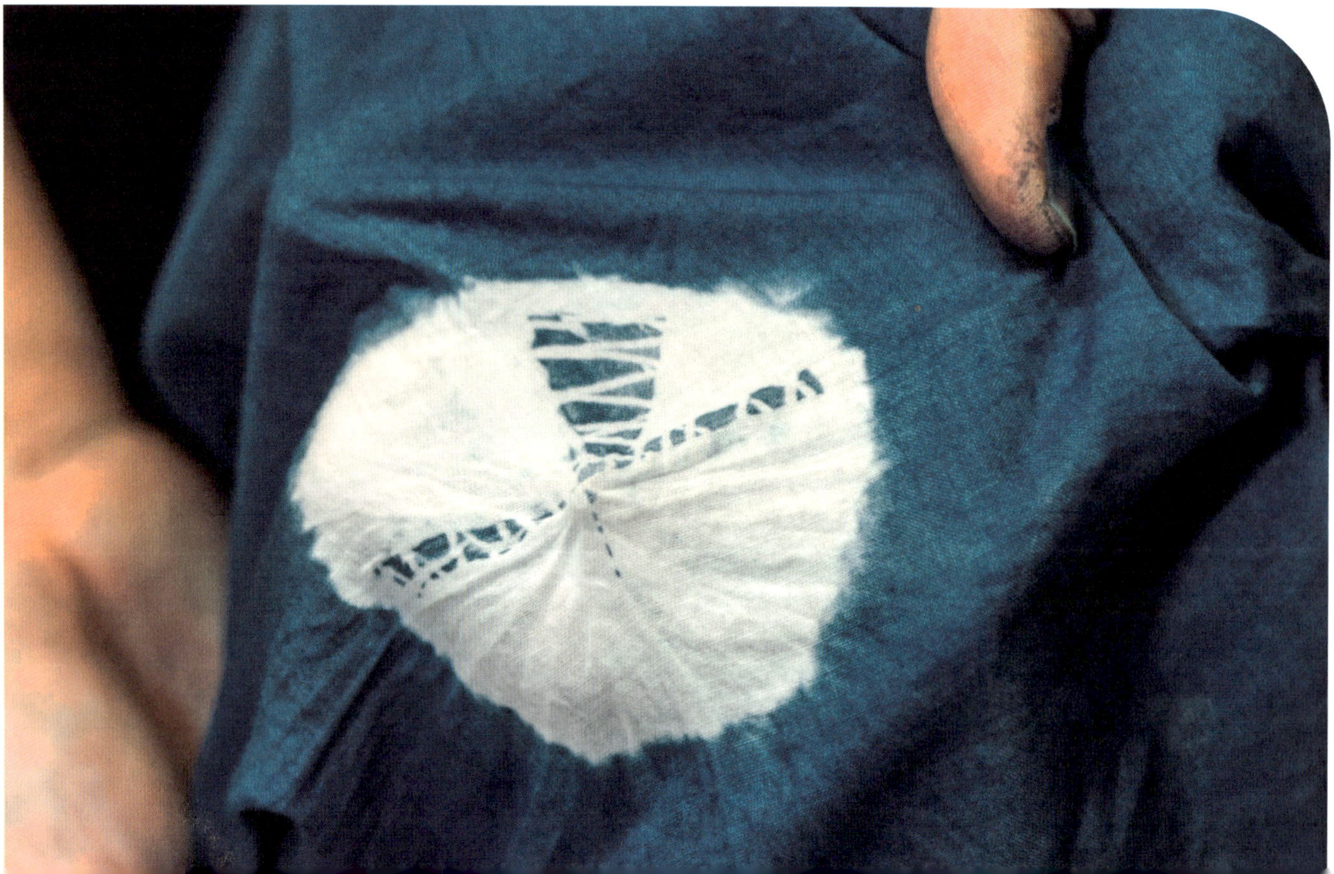

Tejido teñido con añil

Iglesia de Gorin, en la isla de Hisaka

Combínalo con FUKUOKA

Si vuelas desde Fukuoka, pasa allí una noche más y prueba su comida callejera (p. 94). *La ciudad es famosa por sus yatai (puestos de comida), muchos de ellos situados a orillas del río.*

18

Descubre la historia cristiana oculta de Nagasaki

Las islas Goto combinan hermosos paisajes subtropicales con una fascinante historia religiosa

— HAZLO REALIDAD —

Las islas Goto están situadas unos 100 kilómetros al oeste de la ciudad de Nagasaki, frente a la isla de Kyushu.

Las islas están comunicadas por un servicio de ferris de alta velocidad.

Reserva un ferri a las islas desde Nagasaki o Sasebo, o vuela a Fukue desde Nagasaki o Fukuoka.

En el siglo XVI, el fervor misionero católico llegó a Japón. Unos pocos entusiastas fueron allí con la esperanza de convertir al cristianismo a sus habitantes. Algunos tuvieron éxito, pero fue una tarea arriesgada, ya que fueron perseguidos por el *shogunato*. En el siglo XVII, el Gobierno restringió el comercio con el exterior y prohibió el cristianismo. Aun así, en algunas zonas del extremo suroeste del país, sobre todo en las islas Goto, unos pocos fieles siguieron practicando su fe en secreto, protegidos por el aislamiento. Transmitían oralmente historias bíblicas y ocultaban o disfrazaban las imágenes cristianas; por ejemplo, representaban a la Virgen María como Kannon, deidad budista de la compasión. La prohibición se levantó en 1873 y, tras 250 años ocultando su fe, los *kakure kirishitan* (cristianos ocultos) pudieron construir iglesias y practicar su culto abiertamente.

La iglesia de Dozaki, construida en 1908 en Fukue, alberga un museo de historia de los cristianos de Goto, por lo que es un buen punto de partida. Después visita las otras cuatro iglesias de la lista de 2018 de la Unesco de lugares cristianos ocultos de Nagasaki: la de Gorin, en la isla de Hisaka; la de Egami, en Naru; y las de Kashiragashima y Nozaki, a las que se llega mejor desde Nakadori. La mayoría están en entornos impresionantes y, ya sean grandiosas o humildes, muestran la resistencia de la fe y el poder de la esperanza.

19

Asiste a una representación de kabuki

Experimenta las artes escénicas clásicas niponas

Representación de kabuki en el teatro Kabuki-za de Tokio

Un hombre está de pie en el escenario con el rostro contraído en una expresión temible. Gira bruscamente la boca hacia abajo, levanta las cejas y los ojos se le salen de las órbitas. Un maquillaje dramático (líneas en blanco y negro) exagera sus rasgos. Su pelo desgreñado flota mientras agita la cabeza de un lado a otro. Con cada giro, sus brazos se mueven y fluyen a un lado y a otro antes de detenerse repentinamente, y sus dedos se colocan con precisión. Cambia el peso de un pie al otro, a veces levantando una pierna en una postura similar a la de un pájaro. La música se intensifica debido a los sonidos agudos de las flautas y un crescendo de tambores. Suenan unos golpes secos en madera y el hombre adopta una última postura. Al sonar la nota final cae el telón: el acto ha terminado.

El kabuki existe desde hace unos 400 años, cuando una doncella de un santuario, Izumo no Okuni, bailó y cantó en el lecho de un río seco de Kioto, inventando una nueva forma de arte. Poco después, el Gobierno decretó que solo los hombres adultos podían aparecer en escena y, hasta hoy, el kabuki es un asunto casi exclusivamente masculino. Existen muchos escenarios históricos de kabuki y uno de los mejores es el venerado Kabuki-za de Tokio. Tanto si asistes a una representación entera como si optas por una entrada de un solo acto (las obras suelen tener cinco actos), seguro que disfrutas de la evocadora música, los suntuosos trajes y el gran dramatismo.

HAZLO REALIDAD

El teatro Kabuki-za está en el céntrico y elegante barrio de Ginza, no muy lejos del nudo de transportes de la estación de Tokio.

Las entradas para un solo acto se compran el mismo día; las otras se compran con antelación *(kabuki-za.co.jp)*. Algunas funciones tienen útiles audioguías en inglés.

La estación de transporte público más cercana al Kabuki-za es Higashi-Ginza; hasta ella llegan las líneas de metro de Hibiya y Asakusa.

20

Profundiza en el período Jomon en Sannai-Maruyama

Este museo y yacimiento arqueológico es una visita obligada para los aficionados a la historia

En 2021, Japón obtuvo su vigésimo Patrimonio Cultural de la Humanidad de la Unesco: los yacimientos arqueológicos jomon de Hokkaido y el norte de Tohoku. La cultura jomon —llamada así por su distintiva cerámica, que se decoraba prensando cuerdas en la arcilla— existió entre el 14 000 y el 300 a. C. De los 17 yacimientos jomon reconocidos por la Unesco, Sannai-Maruyama, en Aomori, es sin duda el mejor conservado. Se descubrió hace siglos, pero no fue hasta la década de 1990 cuando comenzaron las excavaciones y los arqueólogos se dieron cuenta de que tenían entre manos —o mejor dicho, bajo sus pies— un hallazgo increíble: una de las aldeas más grandes y completas del período Jomon jamás desenterradas.

En el yacimiento se conservan algunos de los primeros lugares de excavación para mostrar el proceso. También hay edificios reconstruidos, incluidas casas con techo de paja, y una enorme estructura de varios niveles que quizás fuese una torre de vigilancia o un faro. El museo expone muchos objetos fabricados por los jomon, entre ellos 2000 figuritas de arcilla. Y si con todo esto no te haces una idea de cómo era la vida en ese período, puedes comer en el restaurante, cuyos platos incluyen ingredientes propios de la época, como arroz rojo y castañas. Sannai-Maruyama constituye una fascinante visión de una cultura muy antigua.

HAZLO REALIDAD

El yacimiento de Sannai-Maruyama se encuentra en la ciudad de Aomori, en la prefectura homónima, en el extremo norte de la isla de Honshu.

Consulta los horarios y los cierres ocasionales en *sannaimaruyama.pref.aomori.jp*. En invierno hace mucho frío, así que lleva ropa adecuada.

Desde Tokio toma la línea Tohoku de *shinkansen* hasta Shin-Aomori y luego un tren local a la estación de Aomori, que está a 20 minutos en autobús de Sannai-Maruyama.

Combínalo con TOWADA

En la prefectura de Aomori también está la ciudad de Towada, más moderna. Toma el shinkansen hasta Hachinohe y luego el autobús para visitar uno de los mejores museos de arte contemporáneo de Japón, el Centro de Arte Towada (p. 208)*. Después echa un vistazo a las obras de arte repartidas por la ciudad como parte de un proyecto de revitalización de la comunidad.*

Izquierda Edificios sobre pilotes reconstruidos
Arriba Figurilla de arcilla expuesta en el museo
Abajo Viviendas reconstruidas

Celebra la cultura ryukyuan en Okinawa

De los tejidos a la música, la cultura de este archipiélago subtropical es rica y fascinante

El archipiélago de Okinawa tiene una larga y orgullosa historia. Las islas Ryukyu se unieron para formar el Reino de Ryukyu en el siglo XV y el comercio con naciones vecinas como China y Corea enriqueció la cultura local. Del siglo XVII al XIX, las islas fueron un Estado vasallo del clan japonés Shimazu, pero conservaron su monarquía, lengua y modo de vida. En el siglo XIX, Japón se anexionó las islas, obligó al pueblo ryukyu a integrarse y rebautizó el archipiélago con el nombre de Okinawa.

Aunque la política de integración y la pérdida de alrededor de un tercio de la población local en la Segunda Guerra Mundial hicieron que cayera en el olvido gran parte de la cultura ryukyuan, se están realizando grandes esfuerzos por mantenerla viva. No lejos de la capital de Okinawa, Naha, se encuentra Ryukyu-mura (Pueblo Ryukyu), un museo al aire libre con varias casas de labor traídas de las islas. Aquí los ryukyu crean obras de artesanía —como los vistosos tejidos *bingata* y las figuritas mitológicas *shiisa*—, preparan comidas tradicionales y muestran su música y su danza. Si visitas Okinawa a finales de verano, podrás asistir al bullicioso Eisa Matsuri, un festival dedicado a la animada y rítmica danza folclórica *eisa*, tradicionalmente interpretada por jóvenes y con la que se pretende rendir homenaje a los antepasados.

HAZLO REALIDAD

El archipiélago de Okinawa está en el extremo sur de Japón. Ryukyu-mura está en la costa oeste de Okinawa Honto, la isla principal del archipiélago.

No es necesario comprar las entradas para Ryukyu-mura con antelación. Consulta los cierres irregulares y los eventos en el sitio web *(ryukyumura.co.jp)*.

Hay vuelos frecuentes y ferris regulares a Naha, la capital de Okinawa. Desde Naha, la mejor forma de llegar a Ryukyu-mura es en autobús.

Actuación de tamborileros y bailarines de *eisa* en Ryukyu-mura

Combínalo con LA COCINA DE OKINAWA

Entre la población de Okinawa hay un número desproporcionado de centenarios y parece ser que la dieta tradicional (p. 98) *es uno de los motivos. Durante tu estancia en las islas prueba delicias locales como el goya (melón amargo), las umi budo (uvas de mar, algas con textura de caviar) y el pescado.*

Visita los baños termales de Kinosaki Onsen

Sumérgete en la exquisita cultura japonesa de los *onsen* en un pintoresco pueblo

Una cigarra zumba perezosamente en el quieto atardecer. Una pareja en *yukata* (bata) sale de un café, apartando la *noren* (cortina) de la entrada. De detrás de un tejado de tejas sale vapor y se disipa sobre un santuario. Un grupo de amigos se acerca a una casa de baños y el ruido de sus *geta* (sandalias de madera) en el suelo altera la tranquila escena. Es una noche típica en Kinosaki Onsen, uno de los centros termales más agradables de Japón.

Como todas las localidades de este tipo, Kinosaki Onsen creció en torno a sus aguas ricas en minerales y calentadas geotérmicamente. Los habitantes llevan bañándose en estas aguas desde que existen, y han desarrollado una cultura que celebra la salud, la relajación e incluso los beneficios sociales del baño. El manantial de Kinosaki alimenta siete impresionantes baños públicos; todos admiten huéspedes tatuados, una rareza en Japón. El pueblo destaca por su pintoresco paisaje urbano, con canales bordeados de sauces y cerezos, y por su inusual enfoque de la idea de centro turístico.

Los negocios turísticos trabajan juntos para que todo el pueblo sea un *ryokan* (alojamiento tradicional): las instalaciones están repartidas de modo que, en lugar de beneficiarse uno o dos propietarios de hoteles, lo hace todo el pueblo. Se anima a los huéspedes a ir de baño en baño para que visiten distintas partes de Kinosaki, y descubran sus tiendas y cafés (estos negocios cierran a la hora de cenar y vuelven a abrir a la hora del baño nocturno). También se tienen en cuenta las necesidades de los habitantes; por ejemplo, los hoteles no tienen *onsen* privados para no agotar el agua.

Se dice que el manantial en torno al cual creció la localidad se descubrió hace 1300 años. El monje Dochi Shonin se sentó a rezar durante 1000 días, tras los cuales brotó un manantial curativo en el lugar donde se encuentra el baño público Mandara-yu. El Onsen-ji, el templo budista *shingon* que fundó Dochi Shonin en la ladera de una montaña, sigue siendo el centro de la comunidad. Debido al origen sagrado de las aguas de Kinosaki, los baños prefieren no enfriarlas artificialmente. Notarás los efectos cuando vayas de *onsen* en *onsen:* el Yasugi-yu es conocido por tener el agua más caliente (más de 40 °C), pero todos activan la circulación sanguínea.

Todo el mundo tiene su *onsen* favorito. ¿Cuál será el tuyo? Por suerte, no hay que elegir. Además de relajarse en el *rotemburo* (baño al aire libre) del Goshono-yu y disfrutar del tranquilo entorno del Kono-yu, se puede disfrutar de todo lo que ofrece el pueblo. Pasear entre los baños y los *ryokan,* parando en restaurantes, talleres de artesanía y clases de meditación sobre la marcha, forma parte de la experiencia. Así que pasea por el pueblo con tu *yukata* y ve adonde te lleve la noche.

—HAZLO REALIDAD—

Kinosaki Onsen está cerca de la ciudad de Toyooka, en la prefectura de Hyogo, en el oeste de Honshu.

Si te alojas en un *ryokan* de Kinosaki recibirás un pase gratuito para los siete baños. Si no te alojas en el pueblo, debes comprar una entrada para cada *onsen* en su recepción o en las máquinas expendedoras de cada *onsen.* Kinosaki cuenta con un punto de información turística en inglés situado frente a la estación; su personal puede ayudarte a encontrar talleres, visitas guiadas y clases, además de informarte sobre los transportes locales.

La línea JR San'in va a Kinosaki Onsen desde Kioto y Osaka; el trayecto dura unas dos horas y media. Puedes utilizar el JR Pass o el JR West Rail Pass, aunque los asientos deben reservarse con antelación. También es fácil llegar desde Osaka y Kobe con Zentan Bus, el principal servicio local de autobuses que opera en el pueblo y sus alrededores.

Derecha Uno de los baños termales del pueblo
Izquierda Paseo en *yukata* por las calles de Kinosaki Onsen
Abajo El pintoresco pueblo

Las tres reglas de oro del onsen

1

El baño se disfruta desnudo
Si no te pones bañador para bañarte en casa, tampoco lo harás en un onsen. Si tienes tatuajes serán visibles en el baño, así que comprueba las normas: pueden estar permitidos, tolerados si se cubren con parches adhesivos o tajantemente prohibidos.

2

El agua se mantiene limpia
Además del bañador, en el agua no puede entrar nada que no sea tu cuerpo. Dúchate primero y enjuaga todo el jabón y el champú; si tienes el pelo largo, recógetelo. Deja la pequeña toalla a un lado o póntela sobre la cabeza.

3

Es un baño, no una piscina
Los *onsen* son para relajarse y curarse, así que no salpiques ni nades ni grites. Limítate a bañarte y disfrutar de sus beneficios.

Aprecia la belleza del Motonosumi Inari Taisha

Visita uno de los santuarios más bellos de Japón, con 123 *torii* rojas

Cuando se entra en un santuario sintoísta, siempre se pasa por una *torii* (puerta). Pero algunos santuarios no se limitan a una o dos *torii:* tienen decenas, incluso cientos, generalmente pintadas de un vistoso color rojo anaranjado. Estas son típicas de los santuarios dedicados a la deidad Inari, cuyo dominio simbólico espiritual, vinculado en su origen al arroz y al sake, incluye ahora la agricultura, la pesca, la fertilidad, el éxito y el bienestar.

Aunque el Fushimi Inari de Kioto, con sus 10 000 puertas, es el ejemplo más famoso, el Motonosumi Inari Taisha de Nagato no tiene igual en lo que a ubicación se refiere. Sus 123 *torii* rojas serpentean por lo alto de un acantilado y crean un vistoso contraste con el mar. Se fundó en 1955, después de que Inari se le apareciera a un pescador local y le dijera que construyera un santuario en el lugar. Si deseas recibir la bendición de Inari, prueba suerte con la inusual *saisenbako* (caja de ofrendas): está fijada en la parte superior de una *torii,* por lo que tendrás que lanzar una moneda de cinco yenes —la de la suerte *(p. 36)*— a 5 metros de altura para pedir tu deseo. Puede que no consigas introducir la moneda en la caja, pero el mero hecho de estar en el lugar y disfrutar de las vistas es motivo suficiente para considerarte afortunado.

HAZLO REALIDAD

El santuario está en un lugar bastante remoto de Nagato, al norte de la prefectura de Yamaguchi, en el extremo suroccidental de Honshu, 40 km al oeste de Hagi.

Dada su ubicación, es aconsejable llevar tentempiés. Abastécete en la estación o en el Senzakitchen de Senzaki, dos paradas al este en la línea JR San'in.

La estación de *shinkansen* más cercana es la de Asa. Desde aquí toma la línea JR Mine hasta Nagatoshi, luego la línea JR San'in hasta Nagato-Furuichi y un taxi hasta el santuario.

Torii rojas del Motonosumi Inari Taisha

Pieza de porcelana de Arita, con sus bonitos detalles

Combínalo con FUKUOKA

La porcelana de Arita era tecnología punta cuando se creó: una mezcla de naturaleza, ciencia y sensibilidad artística. Para ver cómo se dan la mano hoy el arte y la tecnología explora el mundo digital interactivo y envolvente de teamLab Forest en Fukuoka (p. 151).

24

Admira la intrincada porcelana de Arita

Compra recuerdos de gran calidad en Arita o crea tus propias piezas únicas

Japón cuenta con multitud de tradiciones alfareras centenarias, desde la cerámica marrón rojiza de Bizen (Okayama) hasta el derroche de color de la porcelana de Kutani. Pero quizás la más conocida sea la porcelana de Arita, apreciada por su ligereza translúcida, su durabilidad y sus delicados motivos azules. La también llamada Imari-yaki surgió hacia 1600, cuando los maestros coreanos de técnicas tan complejas como el esmaltado en color fueron llevados a la fuerza a Japón para compartir sus destrezas.

La ciudad de Arita, en Kyushu, se convirtió en el primer centro de producción y la Imari-yaki sigue siendo su producto más famoso. Visita cualquiera de las tiendas de cerámica de la ciudad y busca los motivos florales en blanco y azul. Si tu estancia en Arita coincide con la Semana Dorada pásate por la Feria de Cerámica. En cualquier momento del año puedes añadir adrenalina a tu experiencia de compra con la Búsqueda del Tesoro del Kouraku Kiln: un almacén, una tarifa plana y 90 minutos. Lo que quepa en la cesta es tuyo.

Arita es también un lugar ideal para hacer cerámica. Estudios como Rokuro-za imparten clases en inglés y te envían las piezas elaboradas a tu país. ¿Una vajilla de Arita hecha con tus propias manos? Es algo de lo que sentirse orgulloso.

HAZLO REALIDAD

Arita está en el oeste de la isla de Kyushu, en la provincia de Saga.

No hace falta reservar con antelación la Búsqueda del Tesoro del Kouraku Kiln (*kourakukiln.com*).

Vuela desde Tokio u Osaka a la ciudad de Fukuoka, en Kyushu, y toma un tren local o un expreso limitado JR hasta Arita.

Alimenta tu espíritu con una estancia en un templo

Una reparadora estancia en un templo zen, aunque sea breve, puede ser reveladora

La vida de un monje zen es sencilla pero rigurosa. El budismo zen se estableció en Japón en el siglo XII y encontró el favor de sus líderes samuráis debido, en gran medida, a su enfoque en la disciplina como camino hacia el despertar. Para los monjes, este camino está construido a base de *zazen* (meditación), cánticos, trabajo y tareas, con la creencia de que abordar con diligencia cualquier actividad, incluso la más mundana, puede cultivar la atención plena.

Muchos templos ofrecen *shukubo* (estancias) para que los visitantes se beneficien de estas prácticas. Uno de los mejores templos es el Eihei-ji, un extenso complejo fundado en el siglo XIII por el legendario monje Dogen. En su programa Sanzen hay que dormir en un dormitorio comunal, meditar sentado varias veces, comer solo *shojin-ryori* (cocina budista vegetariana) y despertarse antes de las 4 de la madrugada. Si no estás preparado para las privaciones físicas puedes alojarte en el Hakujukan, un hotel afiliado cercano con tu habitación privada, *nihonshu* (sake) y *shojin-ryori*, además de descanso. También se puede participar en el servicio matutino del templo, realizar prácticas espirituales o copiar sutras budistas.

Muchos consideran gratificantes las estancias en templos y las prácticas espirituales. También sirven como recordatorio para bajar el ritmo y prestar atención a los fundamentos espirituales de la sociedad japonesa.

HAZLO REALIDAD

El Eihei-ji está en la prefectura de Fukui (Honshu), en las montañas cercanas a la ciudad de Fukui.

Si te alojas en el Hakujukan, reserva cualquier actividad en el templo con antelación. Respeta la vida monacal del Eihei-ji.

Toma un tren desde Osaka o Kioto hasta Fukui y luego un autobús hasta el Eihei-ji (30 minutos).

El Eihei-ji, un templo activo que ofrece estancias

Relájate y renueva energía en un *ryokan*

El espíritu de la hospitalidad japonesa habita en estas posadas tradicionales

Si algo define los viajes por Japón es el *omotenashi*. Este principio de la hospitalidad japonesa tiene una traducción aparentemente sencilla: hospitalidad japonesa. Pero a lo largo de los siglos se ha ido cargando de significado, de modo que, hoy en día, el *omotenashi* implica centrarse en la comodidad de los huéspedes, prestar atención continua a sus necesidades y estar dispuesto a esforzarse por ellos. La cultura del *omotenashi* está tan arraigada que se puede ver en todo tipo de ambientes, tanto modernos como tradicionales, pero para sumergirse de lleno en ella, nada mejor que una estancia en un *ryokan*. Estos alojamientos tradicionales nipones viven y respiran este concepto. En ellos, todo está pensado para que la experiencia de los huéspedes sea grata.

Al contrario de lo que es habitual en los hoteles occidentales de lujo, alojarse en un *ryokan* no consiste en hacer lo que uno quiera cuando le apetezca; por ejemplo, la cena se sirve a una hora fija y el desayuno termina pronto. Se trata más bien de confiar en que el *ryokan* sabe cómo restaurar el cuerpo y el alma del huésped. Al fin y al cabo, muchas de estas posadas han tenido tiempo de sobra para averiguarlo. El Hoshi Ryokan, fundado en el año 718 d. C. en Awazu Onsen, es uno de los hoteles más antiguos del mundo y el negocio más antiguo gestionado de forma continuada por la misma familia. Como cabe esperar después de tantos años de práctica, el personal sabe exactamente cómo ayudar a sus huéspedes a reponer fuerzas. En vez de disponer de instalaciones y servicios de todo tipo, el Hoshi se centra en lo que lo hace especial: aguas termales, exquisita comida japonesa de temporada y jardines meticulosamente cuidados. Sencillo, pero muy eficaz.

Como en otros *ryokan* de primera categoría, el servicio del Hoshi está pensado para pasar desapercibido: al volver de la cena, el huésped encontrará su futón tendido en el tatami y las luces atenuadas, como por arte de magia. Incluso en estos actos invisibles brilla la calidez del personal y su atención al detalle. Los visitantes pueden sentirse desconcertados por algunos aspectos, pero tener a mano un personal amable que responda a sus preguntas —¿me pongo el *yukata* para cenar?, ¿debo llevar una toalla al *onsen*?— hace que sea más fácil vivir la experiencia y dejar que el bello entorno calme el espíritu.

Aunque el Hoshi es uno de los *ryokan* más reconocidos de Japón, hay muchos alojamientos de este tipo repartidos por todo el país. La mayoría son caros, aunque el capricho, sin duda, merece la pena. Pero también los hay económicos: estos alojamientos suelen carecer de lujos, pero el servicio es siempre insuperable, y eso, al fin y al cabo, es de lo que trata el *omotenashi*.

—HAZLO REALIDAD—

El Hoshi Ryokan está en Awazu Onsen, en la prefectura de Ishikawa, siguiendo la costa desde Kanazawa. Awazu es uno de los cuatro pueblos del complejo termal de Kaga Onsen.

Las reservas en el Hoshi Ryokan pueden realizarse *online (ho-shi.co.jp)*. Muchos *ryokan* carecen de sitios web y hay que hacer las reservas por teléfono o a través de una agencia de viajes. Si tienes tatuajes y te alojas en un *ryokan* con aguas termales, asegúrate con antelación de que puedes usar los baños y, en caso afirmativo, si debes cubrir tus tatuajes con parches adhesivos.

Los cuatro pueblos de Kaga Onsen están conectados por la red de autobuses Can Bus. Se puede llegar a Awazu Onsen en autobús desde Kaga Onsen, donde paran los *shinkansen* de la línea Hokuriku. También se puede llegar al *ryokan* en taxi o autobús desde Awazu, una parada de la línea IR Ishikawa.

Combínalo con EIHEI-JI

Para descubrir una faceta diferente de la hospitalidad nipona, únete a los monjes budistas zen de Eihei-ji (p. 73) *y alójate en una* shukubo *(estancia en un templo). Se puede acceder al templo desde* Fukui, *una parada de la línea Hokuriku de* shinkansen, *no muy lejos de Kaga Onsen.*

Arriba izquierda Taza de té verde
Arriba derecha El precioso entorno del Hoshi Ryokan
Izquierda Bonitas vistas desde un *ryokan* tradicional

Habitación con vistas al jardín de un *ryokan* tradicional

«Basho siempre fue un hombre humilde que llevaba una vida sencilla y solía viajar por su país a pie».

Minomushi-an, retiro de Basho en Iga-Ueno

Acércate al maestro del haiku en Iga-Ueno

La ciudad natal de Matsuo Basho está llena de lugares para conocer al hombre y su arte

Un viejo estanque.
Se zambulle una rana:
ruido del agua.

Este haiku, probablemente el más famoso del mundo, ilustra a la perfección las claves de este tipo de composición poética: brevedad, referencias a la naturaleza y una mezcla de sensibilidad y humor. En japonés tiene 17 sílabas. Lo escribió Matsuo Basho (la traducción es de Antonio Cabezas García) y fue un éxito nada más publicarse, en 1686. A pesar de ser famoso por sus *hokku* (ahora llamados haikus) y *renku* (versos enlazados colaborativos), Basho siempre fue un hombre humilde que llevaba una vida sencilla y solía viajar por su país a pie, escribiendo sobre la marcha.

Puedes evocar los años de formación de Basho en Iga-Ueno, su ciudad natal. La Casa Natal de Basho alberga la habitación en la que compuso su primer verso; el Museo Conmemorativo de Basho muestra textos y mapas relacionados con su obra; y el pequeño Minomushi-an se conserva tal y como era cuando lo usaba como retiro. Basho siguió siendo muy prolífico hasta su muerte, en 1694, y, por supuesto, se fue con un poema: «De viaje enfermo, / mis sueños por eriales / van divagando».

HAZLO REALIDAD

La ciudad de Iga-Ueno está situada en la prefectura de Mie, en el sur de Honshu, entre Tokio y Kioto.

Se puede comprar una entrada conjunta para el Minomushi-an, la Casa Natal de Basho y el Museo Conmemorativo de Basho *(basho-bp.jp)*.

Toma un tren JR desde Kioto, Osaka, Nara o Nagoya a Iga-Ueno y luego otro tren de Iga Railway hasta la estación de Ueno-shi.

«Las ukiyo-e se pintaban para el pueblo y solían representar escenas cotidianas y animados personajes».

Arriba Transferencia de una imagen en color a un bloque de madera **Izquierda** Colorante verde usado en la impresión **Derecha** Yoshiwara, de la serie *Las 53 estaciones de la Tokaido*, de Utagawa Hiroshige

Domina el arte de la xilografía *ukiyo-e*

Descubre la historia y el oficio de este popular arte en Shizuoka

Cuando se piensa en el arte japonés vienen a la mente las *ukiyo-e*. Estas xilografías, cuyo nombre significa imágenes del mundo flotante, fueron muy populares en Japón entre los siglos XVII y XIX. Aunque muchas de ellas —como *La gran ola de Kanagawa*, de Hokusai— se exhiben hoy en las mejores galerías de arte, las *ukiyo-e* se crearon como piezas asequibles para el gran público. Se pintaban para el pueblo y solían representar escenas cotidianas y animados personajes de la cultura japonesa. Las solicitadas *geishas*, las estrellas del teatro kabuki, los luchadores de sumo de primera categoría y las elegantes *oiran* (cortesanas) eran temas siempre populares. Y, al igual que los folletines en Europa, se vendían gran cantidad de xilografías de escenas eróticas e historias de miedo en el Japón del período Edo.

El mejor lugar para conocer la historia de la xilografía *ukiyo-e* y sus estilos es el Museo de Arte Tokaido Hiroshige, en la ciudad de Shizuoka. Lleva el nombre de uno de los últimos grandes maestros de este arte, Utagawa Hiroshige, y alberga una importante colección de su obra. En lugar de los temas más morbosos, elegidos por muchos artistas, Hiroshige prefería capturar paisajes naturales con líneas finas y un uso sutil del color. Las bellas gradaciones cromáticas que logra en obras como *Jardín de ciruelos en Kameido* —una de las grandes influencias de Vincent Van Gogh— ponen de relieve la dedicación de Hiroshige a su oficio: el proceso, conocido como técnica *bokashi*, era increíblemente laborioso e implicaba aplicar a mano una gradación de tinta sobre un bloque de madera humedecido para cada hoja de papel que se imprimía.

Es un proceso reservado a los maestros; los profanos pueden probar las técnicas más sencillas de *ukiyo-e* y crear coloridos grabados en el museo. Hiroshige no es el único artista representado en sus salas, donde se exponen obras de numerosos creadores de *ukiyo-e*, con explicaciones de los ingeniosos trucos ópticos, juegos visuales y alusiones políticas que se pueden encontrar en algunas piezas.

El museo está situado en la Tokaido, la ruta entre Kioto y Tokio que recorrían tanto mercaderes como señores de la guerra en el período Edo. Hiroshige representó las paradas que jalonaban la ruta en su serie *Las 53 estaciones de la Tokaido*, y algunas siguen hoy como las plasmó. Vale la pena ir a la Mariko-juku, la vigésima estación, para comer *tororo-jiru* (ñame rallado sobre arroz de cebada) en Chojiya. Se reconoce el restaurante en el grabado de Hiroshige, ya que tiene el mismo aspecto que cuando lo pintó.

—HAZLO REALIDAD—

El museo está en el norte de la ciudad de Shizuoka, al suroeste de Tokio por la costa. La estación de Mariko está en el suroeste de Shizuoka, al otro lado del río Abe.

No es necesario reservar las entradas para el Museo de Arte Tokaido Hiroshige; en el sitio web *(tokaido-hiroshige.jp)* figuran los horarios y las tarifas. Lo mismo ocurre con el restaurante Chojiya *(chojiya.info)*. Si deseas recorrer a pie parte de la ruta Tokaido, prueba el corto y pintoresco tramo de la Mariko-juku a la Okabe-juku.

La línea Tokaido de *shinkansen* conecta Shizuoka con Tokio y Kioto (el viaje de Tokio a Shizuoka dura poco más de una hora). El museo está a 25 minutos a pie de la estación de Yui, a pocas paradas de Shizuoka en la línea regular JR Tokaido.

Un viaje por el Japón tradicional

DURACIÓN 10 días **INICIO** Kioto, a 4-5 horas de Tokio en *shinkansen* **DESPLAZAMIENTOS** Trenes bala y locales **FIN** Tono; los trenes JR conectan la ciudad con el aeropuerto más cercano, Hanamaki (con vuelos a Osaka, Fukuoka, Nagoya y Sapporo), y con la estación de Shin-Hanamaki, desde donde salen *shinkansen* a Tokio

Uno de los aspectos más interesantes de la cultura japonesa es la conservación de tradiciones centenarias, como la ceremonia del té o el ritual de los *onsen*, y eso es, precisamente, lo que ofrece este itinerario. El viaje, que puede hacerse íntegramente en tren *(p. 16)*, comienza en Kioto, la antigua capital, y luego se aventura desde el suroeste de Honshu hasta el noreste. La ruta pasa por localidades con aguas termales, ciudades antiguas, costas espectaculares e idílicos paisajes rurales. En cada parada, el viajero puede conocer distintos aspectos de la cultura tradicional japonesa, desde famosos lugares literarios hasta talleres de artesanía. Al final se dará cuenta de cómo la tradición no solo sobrevive, sino que evoluciona en el Japón moderno.

1. KIOTO
Qué mejor lugar para comenzar el viaje que Kioto, la antigua capital imperial, donde se conservan muchos de los monumentos más famosos del país. Visita un taller textil, contempla los jardines zen o asiste a una actuación de *geishas*.

2. KINOSAKI ONSEN
Este famoso complejo termal *(p. 68)* está a dos horas y media en tren de Kioto. Reserva una habitación en un *ryokan* y disfruta de un *onsen*, de los cafés y de las clases de meditación antes de entregarte a una noche de descanso.

3. UJI
Con las pilas cargadas regresa a Kioto y haz una excursión de un día a Uji *(p. 56)*, localidad famosa por su té. Tras presenciar la ceremonia del té, vuelve a Kioto (20 minutos en tren).

4. HAMAMATSU Y SHIZUOKA
Desde Kioto toma un *shinkansen* a Hamamatsu (tarda hora y media) para asistir a un taller de teñido *chusen-zome.* A 30 minutos en *shinkansen* se encuentra Shizuoka, donde puedes aprender sobre sus xilografías *(p. 81).*

5. ATAMI
Tras pasar la noche en Shizuoka, toma un *shinkansen* a Atami, en la península de Izu (30 minutos). Reserva una habitación en un *ryokan* y pasa el día en el Museo de Arte MOA, en el castillo y en las fuentes termales de la ciudad.

6. KAMAKURA
La siguiente parada es Kamakura, a una hora y media de Atami en tren JR (con transbordo en Ofuna). Puedes contemplar el diseño tradicional de los jardines del Zuisen-ji y conocer la artesanía de la ciudad, en especial los lacados.

7. TOKIO
Tras un sueño reparador, dedica dos días a descubrir los rincones tradicionales de Tokio. Prueba tu destreza en el arte de la caligrafía, asiste al teatro kabuki *(p. 63)* y descubre el encuentro de la estética tradicional con la contemporánea en lugares como el Museo Nezu.

8. HIRAIZUMI
Viaja a Hiraizumi (a unas tres horas de Tokio) para conocer sus bellos templos, jardines y yacimientos arqueológicos, que inspiraron al emblemático Matsuo Basho *(p. 79)* para escribir sus haikus en el siglo XVII.

9. TONO
Otro tren JR te lleva en dos horas, vía Hanamaki, hasta el destino final del viaje: Tono. Sumérgete en evocadores cuentos populares y conoce la artesanía *mingei* en el entorno rural del valle de Tono *(p. 90).*

FIN

JAPÓN

GASTRONÓMICO

Sushi fresco, abundante *ramen*, finos cortes de *wagyu*... Y no olvidemos las bebidas, desde el sabroso sake hasta el ceremonial té verde. Japón es el destino gastronómico definitivo, así que prepárate para darte un capricho.

EN EL MAPA

JAPÓN GASTRONÓMICO

29 Sigue la dieta de los monjes budistas: la *shojin-ryori*

30 Disfruta de las leyendas y de los productos de granja en Tono

31 Degusta platos variados en una *depachika*

32 Aprende a elaborar *wagashi*

33 Saborea la comida callejera en un *yatai*

34 Aspira a centenario con la cocina de Okinawa

35 Degusta los tres tipos de fideos de Morioka

36 Bebe sake en Niigata

37 Date el gusto de comer un *kaiseki* de varios platos

38 Deléitate con un suculento *wagyu*

39 Explora el mercado de Nishiki, en Kioto

40 Bebe hasta la madrugada en los *izakaya* y los *yokocho*

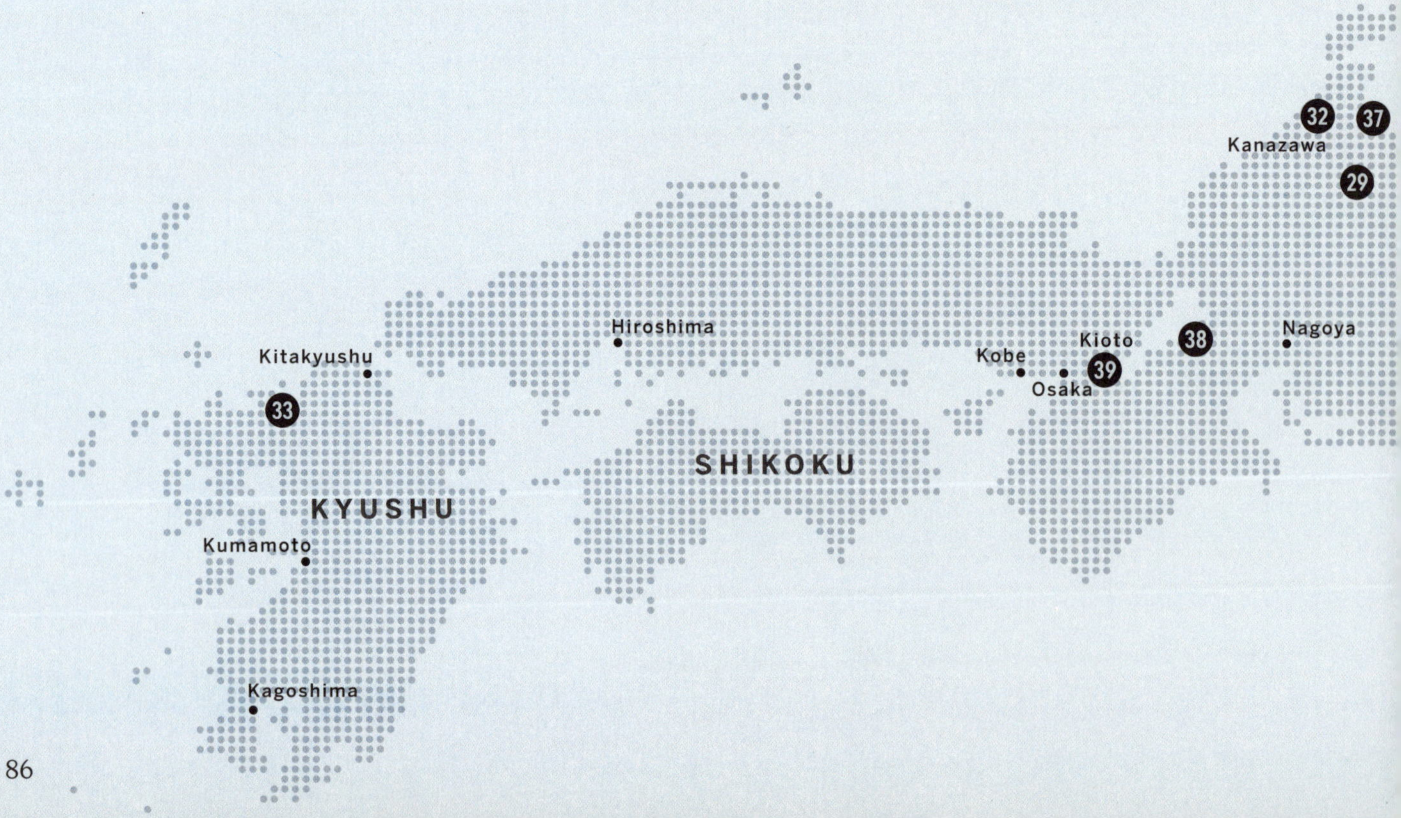

HOKKAIDO
Sapporo
Aomori
Akita
35
30
Océano
Pacífico
Niigata
36
Sendai
HONSHU
TOKIO
31
40
Yokohama
0 km
100
Islas del sur
HOKKAIDO
HONSHU
KYUSHU
SHIKOKU
34
OKINAWA

Arriba Un plato *shojin-ryori*
Abajo Tofu con sésamo
Derecha Delicada presentación de *shojin-ryori* en Kakusho

Sigue la dieta de los monjes budistas: la *shojin-ryori*

Takayama es un lugar ideal para degustar esta cocina ancestral y a la vez innovadora

Para el bicentenario restaurante Kakusho de Takayama, la *shojin-ryori* es la comida lenta por excelencia, la cocina del desarrollo espiritual, ya que pone énfasis en la estacionalidad, la conciencia plena y el mínimo desperdicio. Ocupa una casa tradicional con jardín cerca del pintoresco barrio de Higashiyama Teramachi, repleto de templos, un lugar evocador, ideal para probar la *shojin-ryori* bajo la atenta mirada del propietario y chef, de la 12.ª generación.

Aunque la forma específica de *shojin-ryori* de Kakusho deriva del *chado* *(p. 56)*, la *shojin-ryori*, en general, procede del budismo zen, que se afianzó en Japón a partir del siglo XII y prohíbe a los monjes comer carne o pescado. El zen se hizo popular entre la clase samurái gobernante, los templos ganaron poder y recursos, y desarrollaron una cocina vegetariana muy refinada. Además de platos clásicos como el *goma-dofu* (tofu con sésamo), la tempura de verduras y la *nasu dengaku* (berenjena glaseada con *miso* dulce y salado), hay platos creativos que imitan la carne *(modoki ryori)*, como el *unaju* vegano (imitación de anguila a base de boniato). Ya sea en un sencillo almuerzo en un templo o en un elaborado menú de varios platos en un restaurante como Kakusho, la *shojin-ryori* te permitirá saborear el pasado y el presente espiritual de Japón.

HAZLO REALIDAD

Takayama está en la región montañosa de Hida, en la prefectura de Gifu, cerca de los Alpes japoneses (Takayama significa montaña alta).

Se sirve *shojin-ryori* en restaurantes y templos de todo Japón. El restaurante Kakusho de Takayama *(kakusyo.com)* sirve comidas y cenas; hay que reservar.

La línea JR Takayama conecta Takayama con Toyama y Nagoya, desde donde se puede tomar la línea Tokaido de *shinkansen* a Tokio.

Disfruta de las leyendas y de los productos de granja en Tono

Saborea la auténtica cocina de la granja a la mesa en este misterioso rincón rural de Japón

El valle de Tono es un lugar curioso. A primera vista es una zona normal de la campiña japonesa, con su irregular mosaico de campos salpicado de pequeños grupos de casas. Pero si se mira más de cerca se ven cosas inusuales, como estatuas de criaturas mitad humanas mitad tortugas, con la parte superior de la cabeza plana. Son los *kappa*, personajes de las ricas y variadas leyendas locales de Tono. Las más famosas, recogidas en la colección *Las leyendas de Tono* (1910) del folclorista Yanagita Kunio, servían tanto para transmitir conocimientos —se dice que los *kappa* anfibios se comen a los niños, una advertencia para que estos eviten las aguas profundas—, como para pasar las largas y oscuras noches de invierno. Es fácil imaginar cómo se crearon: este valle, rodeado por las montañas del noreste de Honshu, remoto y apartado del resto de Japón, ha construido su propio saber popular.

Aunque hay fascinantes museos y pueblos que ofrecen una visión de la historia y las formas de vida tradicionales de la zona (como el bien conservado pueblo de Furusato), quizás la mejor forma de conocer la cultura de Tono sea visitando una granja y, a ser posible, pernoctar en ella. Agriturismo Omori-ke, justo al norte del mayor pueblo, es una de las granjas abiertas a los visitantes más populares del valle. Los huéspedes pueden unirse a la familia en la recolección de verduras y frutas, cocinarlas en la cocina de la casa y compartir la comida con otros huéspedes. El metódico trabajo de recolectar pimientos, tomates y maíz permite hacerse una idea de la vida cotidiana de generaciones de agricultores de Tono, y la cena sabe aún mejor al saber que has contribuido tan directamente a ella. Aunque los menús son estacionales y dependen de la cosecha, los comensales pueden degustar deliciosos platos como *hittsumi* (sopa de fideos), curri verde con pimientos picantes y muchas más verduras de cosecha propia cocinadas de diversas maneras. Y de postre, un refrescante helado hecho en casa con la fruta recogida ese mismo día.

Una vez saciado el apetito, no hay mejor forma de terminar el día que compartiendo vivencias mientras te tomas un sake o un zumo de tomate casero. Puede que tus anfitriones te cuenten historias sobre astutos *metamorfos*, monstruos terroríficos y chamanes errantes. Y no te preocupes si oyes pies que corretean y risitas traviesas: no es más que un *zashiki-warashi*, un espíritu infantil descarado que trae buena suerte a las casas. Después de todo, en Tono el mundo de los espíritus nunca está lejos.

—HAZLO REALIDAD—

El valle de Tono está en el interior de la costa oriental de la región de Tohoku, al norte de Sendai e Hiraizumi y al sur de Morioka.

Omori-ke *(en.stayjapan.com/area/iwate/tono/pr/767)* ofrece estancias, además de actividades agrícolas y culinarias. En invierno, la siembra y recolección de frutas y verduras se sustituye por la artesanía *ikkanbari* (con papel lacado y bambú).

La línea Tohoku de *shinkansen* (Aomori-Tokio) para en Shin-Hanamaki, desde donde se puede tomar la línea JR Kamaishi hasta Tono. Al ser una zona rural, los lugares de interés están dispersos. Hay autobuses, pero es más gratificante explorar la zona en bicicleta (se alquilan en la oficina de turismo y en las tiendas cercanas a la estación).

«Los huéspedes pueden unirse a la familia en la recolección de verduras y frutas».

Cosecha de tomates en Tono

Degusta platos variados en una *depachika*

Las secciones de alimentación de los grandes almacenes son ideales para probar comida de calidad

En Japón se come bien, y no solo comida japonesa. A medida que exploras el país, te encuentras con una enorme variedad de cocinas, algunas adaptadas a los gustos locales y otras tan auténticas que te preguntarás si has salido del país. Esta variedad puede resultar abrumadora: al fin y al cabo, es imposible probarlo todo. Y aquí es donde entran en juego los *depato* (grandes almacenes), cuyas secciones de alimentación suelen ocupar todo el sótano —*depachika* combina los términos *depato* y *chika,* que significa subterráneo— y tienen de todo, desde exquisitas tartas de frutas hasta pan francés recién horneado, pasando por melones a precios desorbitados, adornados con lazos y envueltos para regalo. Lo mejor de todo es que muchos mostradores permiten probar productos y platos de diferente procedencia.

Sin duda, una de las mejores es la de Daimaru Tokyo. Ocupa un espacio enorme con vitrinas repletas de todos los alimentos imaginables. Además, está bien comunicada con la estación de Tokio y cuenta con una sección en la planta baja y otra en el sótano, lo que supone un acceso más rápido al tren después de comprar comida para el viaje y, seguramente, de picotear en varios puestos.

—HAZLO REALIDAD—

Daimaru Tokyo está junto a la estación de Tokio, cerca de la salida Yaesu Norte.

La estación de Tokio es un laberinto, así que oriéntate primero si piensas coger un tren después de visitar Daimaru Tokyo.

Por la estación de Tokio pasan varias líneas de tren, incluida la de *shinkansen* que atraviesa el país.

Combínalo con EL MERCADO DE NISHIKI

Si tu viaje por Japón incluye Kioto, visita el mercado de Nishiki, en el centro de la ciudad *(p. 107)**. En esta venerable calle comercial cubierta se venden multitud de alimentos tradicionales, como los* kyo-tsukemono *(encurtidos ligeramente salados), y delicias modernas, como los dónuts de soja.*

Puesto de *delicatessen* en Daimaru Tokyo

Un *wagashi* cuidadosamente esculpido

32

Aprende a elaborar *wagashi*

Prueba a preparar estos dulces tradicionales en la histórica ciudad de Kanazawa

—HAZLO REALIDAD—

Kanazawa es la capital de la prefectura de Ishikawa, en la costa cercana a los Alpes.

Varios lugares imparten clases en Kanazawa, como el Centro de Productos Locales de Ishikawa *(kanazawa-kankou.jp/en)*.

Kanazawa está en la línea Hokuriku de *shinkansen*, entre Tokio y Tsuruga.

Los *wagashi* son obras de arte comestibles. Estos dulces tradicionales cuidadosamente esculpidos suelen servirse en las ceremonias del té y tienen formas y tamaños muy variados. Algunos parecen joyas, con colores intensos y mucho brillo. Otros recrean escenas naturales, como una hoja de arce roja y naranja o una carpa koi nadando en aguas azules y cristalinas. También hay variedades más sencillas y cotidianas, como el *mochi*, un pastel de arroz blando y regordete relleno de pasta de judías rojas o fruta, o el *manju*, un bollo al vapor con un centro caliente de judías rojas o sésamo negro. Pero vale la pena buscar las variedades más elaboradas, que se venden en tiendas especializadas.

Sin embargo, puedes ir un paso más allá y elaborar tus propios *wagashi*. La histórica Kanazawa, una ciudad que se esfuerza por mantener y promover su cultura tradicional, es un lugar estupendo para descubrir el arte de realizar *wagashi*. En una clase de poco más de una hora puedes aprender a hacer dos o tres *jo-namagashi*, un tipo de dulce suave y sin hornear con motivos estacionales. Como es de esperar, no es tarea fácil, pero es una forma memorable y significativa de descubrir el duro trabajo y la creatividad que hay detrás de este llamativo manjar. Y, si puedes resistirte a comértelos, estos dulces son un bonito recuerdo del viaje.

Saborea la comida callejera en un *yatai*

Fukuoka es famosa por sus animados puestos nocturnos, una interesante experiencia culinaria que no debes perderte

Imagina humeantes cuencos de *ramen* de Hakata con fideos en una rica sopa a base de cerdo; el cremoso *mizu-take,* con sustanciosos trozos de carne y verduras en un caldo de pollo cocido a fuego lento durante horas; *goma-saba,* que es *sashimi* de caballa con una salsa de sésamo dulce pero salada; o *goboten udon,* tierna bardana frita servida sobre fideos *udon*. No hay duda de que Fukuoka, en la isla de Kyushu, es es una de las grandes ciudades gastronómicas de Japón.

Aunque cuenta con numerosos y excelentes restaurantes y cafés, lo que destaca en Fukuoka es la abundante comida casera. Y no hay mejor lugar para probarla que en los famosos *yatai* o puestos de comida. Hay unos cien en total, aunque no suelen estar todos abiertos a la vez. Como se gestionan de forma independiente, sus propietarios pueden decidir no abrir algunos días si hace mal tiempo o si quieren tomarse un descanso. Verás cómo se montan al caer la tarde; los más populares atraen a multitud de locales y visitantes, que esperan delante mucho antes de que abran. Entonces el dueño de cada puesto hace pasar a tanta gente como quepa en torno al mostrador, todos apretujados detrás de una cortina *noren*.

La sensación de intimidad y camaradería forma parte de la diversión. Al comer codo con codo con otras personas, es probable que acabes intercambiando algunas palabras, ya sea simplemente levantando tu *chu-hai* (un combinado hecho con el popular licor *shochu* de Kyushu) para un rápido *kanpai* (brindis) o entablando una charla más larga. Puede que incluso aprendas algo del dialecto local Hakata-ben cuando tus compañeros de mesa prueben un bocado especialmente suculento y digan «umaka» (delicioso) o quizás «bariumaka» (muy sabroso).

Sin embargo, en última instancia, lo importante es la comida. Acomódate en un puesto con un menú variado o pasa la tarde saltando de un puesto especializado a otro. Sigue tu olfato y encontrarás los platos locales favoritos, como el *motsu-nabe* (estofado de callos) y su homólogo a la parrilla, el *yaki-motsu,* o las *gyoza hito-kuchi,* unas empanadillas muy crujientes, tan pequeñas que se comen de un bocado. También hay clásicos japoneses —*sushi, tempura, yakisoba*— y puestos especializados en platos italianos, franceses o de fusión. Fukuoka es un universo culinario y no hay mejores lugares para explorarlo que los *yatai*.

—HAZLO REALIDAD—

La compacta ciudad de Fukuoka está en la costa noroeste de la isla de Kyushu. Los *yatai* están repartidos por toda la ciudad, pero la mayoría se agrupan en las riberas de Nakasu, en la intersección de la Tenjin-nishidori y la Showa-dori, y en la Watanabe-dori.

Los *yatai* suelen abrir sobre las 18.00 y algunos cierran a las 2.00. No se aceptan reservas, así que si hay cola habrá que esperar o buscar otro puesto. Muchos solo aceptan pago en efectivo.

Por Hakata, la principal estación de Fukuoka, pasan los *shinkansen* que van hacia el sur, a Kagoshima, y hacia el norte, a Hiroshima y Osaka (algunos siguen hacia Kioto, Nagoya y Tokio). También se puede ir a la ciudad en avión y barco. Los autobuses y el metro facilitan los desplazamientos.

Derecha Un *yatai* en Fukuoka
Abajo a la izquierda Cenando en un *yatai*
Abajo a la derecha *Yaki-motsu* en la parrilla

«La sensación de intimidad y camaradería forma parte de la diversión».

Una concurrida calle llena de puestos de comida en Fukuoka

GRAND
HYATT
アサヒビール

34

Aspira a centenario con la cocina de Okinawa

El archipiélago subtropical de Okinawa tiene la mayor proporción de centenarios del mundo

El archipiélago de Okinawa (o Ryukyu), una sutil cadena de islas en aguas del Pacífico, ejerce una poderosa atracción. Japoneses y extranjeros lo visitan para relajarse en playas de arena blanca, nadar en aguas de color azul zafiro y explorar selvas y manglares. Y los investigadores se hacen una pregunta: ¿por qué sus habitantes viven tanto tiempo? En Okinawa hay proporcionalmente más personas mayores de 100 años que en ningún otro lugar del mundo.

Hay varias respuestas a esta pregunta y algunas apuntan a la dieta, algo que podrás comprobar en tu visita. Los okinawenses ven la comida como parte de la salud; de hecho, una de las formas de referirse a la comida es *kusuibun* (medicina). Además, muchos ingredientes autóctonos son muy nutritivos. No dejes de probar el *goya* (melón amargo) en un popular plato salteado, el *goya champuru*. También están en la dieta de los centenarios el *mozuku*, un alga que suele servirse en vinagre o en tempura; el *shikuwasa*, un cítrico ligeramente ácido que se usa en postres, bebidas y condimentos; y las batatas, que siempre han constituido el grueso de la alimentación okinawense. Busca y prueba todas estas delicias en los restaurantes, cafés y hoteles de Okinawa. Al fin y al cabo, las vacaciones son la ocasión perfecta para rejuvenecer.

HAZLO REALIDAD

El archipiélago subtropical de Okinawa está en el extremo sur de Japón. La capital, Naha, se sitúa en la mayor de las islas, Okinawa Honto.

Busca específicamente la cocina okinawense, ya que la japonesa y la occidental son comunes en el archipiélago desde mediados del siglo XX.

A Okinawa se llega fácilmente en avión, con vuelos desde otras partes de Japón y Asia. Hay ferris desde Kagoshima (sur de Kyushu) y Taiwán.

Goya champuru, un popular plato salteado

El estilo de vida de Okinawa

1

Come con intención

La dieta tradicional okinawense se basa en gran medida en los vegetales y adopta un enfoque hara hachi bu*: comer hasta llenarse al 80 %.*

2

Ponte en forma

Haz como los centenarios y pasea por las islas, dedícate a la jardinería o haz un poco de gimnasia ligera por las mañanas.

3

Disfruta de la vida social

La comunidad es muy importante en el modo de vida tradicional de Okinawa, al igual que la yuimaru *(ayuda mutua), un fuerte apoyo social en los buenos y malos tiempos.*

Degusta los tres tipos de fideos de Morioka

Los *sandaimen* («tres grandes fideos») de esta ciudad norteña son un reclamo todo el año

Entre las ruinas de su castillo, los festivales de verano y la artesanía local (las teteras de hierro y los coloridos tejidos), Morioka es un buen lugar para pasar dos días. Pero esta tranquila ciudad del noreste de Honshu es famosa sobre todo por su comida, y más concretamente por sus fideos. Cuenta con tres platos muy diferentes y vale la pena probarlos todos.

El primero son los contundentes *jajamen*, fideos gruesos parecidos a los *udon*, que se sirven con pasta de *miso*, hierbas aromáticas y carne picada, aderezos refrescantes como rodajas de pepino, cebolleta y pepinillos, y extras como aceite de guindilla o vinagre. El sabor refleja los orígenes chinos del plato: su inventor lo adaptó del *zha jiang mian* (fideos con salsa de judías fritas). Cuando los fideos estén casi terminados puedes optar por tomar *chiitantan*, que consiste en cascar un huevo en el cuenco, añadir agua caliente y mezclarlo con otros ingredientes, como *miso* o jengibre, para hacer un caldo cremoso y sabroso que redondee la comida.

Si los *jajamen* son los más sustanciosos de los «tres grandes fideos» de Morioka, los *reimen* son los más refrescantes. Es un plato típico de verano, una sopa fría de fideos, una variante del *naengmyeon* coreano. En este caso, los fideos son casi translúcidos y tienen una agradable textura gracias a la harina de patata. Se sirven en un caldo ligero de pollo y cerdo, acompañados de ingredientes variados, normalmente *kimchi*, huevo cocido, rodajas de carne y fruta de temporada.

Completan el trío los *wanko soba*, que, según se mire, son un plato para disfrutar o un reto al que enfrentarse. El nombre significa fideos de trigo sarraceno en tazón pequeño, y ese es el quid de la cuestión: se sirve en pequeñas raciones de soba en un caldo ligero, que el camarero va rellenando rápidamente hasta que no puedas más. Aunque los fideos vienen con aderezos opcionales, como *wasabi* y atún, mucha gente los ignora y se concentra en sorber tantos fideos como pueda. El tamaño de las raciones varía, pero más o menos entre 8 y 15 cuencos de *wanko soba* equivalen a un plato normal. El camarero no dejará de traer fideos hasta que pongas firmemente la tapa sobre el cuenco, la única señal aceptable de que has terminado.
La mayoría de los restaurantes dan una placa conmemorativa de madera a quien alcanza los 100 cuencos, muy lejos del récord actual, que supera con creces los 500, aunque no se trata de una competición.

—HAZLO REALIDAD—

Morioka se encuentra en la prefectura de Iwate, en el noreste de Honshu.

En la ciudad hay varios restaurantes especializados en uno u otro de los tres platos de fideos. Algunos requieren reserva, especialmente para los *wanko soba*. Aunque es fácil dejarse llevar por el ambiente competitivo, hay que recordar que no es una carrera y que conviene ir con calma.

Morioka está en la línea Tokaido de *shinkansen* entre Tokio y Aomori, y en la línea Akita entre Tokio y Akita. El viaje en *shinkansen* de Tokio a Morioka dura poco más de dos horas. Es fácil desplazarse por el centro de Morioka a pie, en bicicleta (hay numerosas tiendas de alquiler) o en el autobús circular Dendenmushi.

«El camarero no dejará de traer fideos hasta que pongas firmemente la tapa sobre el cuenco».

Los *wanko* soba suponen todo un desafío

Bebe sake en Niigata

Con más bodegas que ninguna otra prefectura, Niigata es un paraíso del *nihonshu*

La bebida más famosa de Japón es el sake o, para usar el nombre correcto, *nihonshu* (literalmente, «alcohol japonés»). Se elabora con un método similar al de la cerveza: se mezcla arroz de alta calidad y agua pura, se fermenta utilizando moho *koji* como iniciador y se prensa. Las fértiles tierras de Niigata y el agua del deshielo de las montañas son una combinación ganadora, algo conocido desde hace siglos. Hoy la prefectura cuenta con unas 90 bodegas, muchas de ellas abiertas al público.

Yoshinogawa, inaugurada en 1548, es la más antigua. Los productores pasan los inviernos elaborando *nihonshu* y los veranos en el campo, cultivando el arroz perfecto para conseguir sakes de sabor suave; algunos solo se venden en la bodega. Imayo Tsukasa es relativamente joven: se fundó como tienda en 1767 y como bodega a finales del siglo XIX, pero su personal sigue vertiendo generaciones de conocimiento en su trabajo. Es una gran opción para una visita: el peculiar edificio está en el centro de Niigata y ofrece visitas guiadas en inglés y catas gratuitas. Para probar *nihonshu* de distintas bodegas puedes ir a Kikizake Bansho, en el centro comercial Ponshukan, en la estación de Niigata. Compra un vaso y algunas fichas y selecciona las marcas en las máquinas expendedoras; como la graduación alcohólica media es del 15 %, es poco probable que pruebes las 90 marcas en una sola visita.

HAZLO REALIDAD

La prefectura de Niigata está en la costa noroeste de Honshu. Yoshinogawa está en el barrio de Settaya de la ciudad de Nagaoka, a una hora de la capital.

El horario de Yoshinogawa varía; hay que consultarlo en la web *(yosinogawa.co.jp)*. Reserva con antelación la visita a Imayo Tsukasa *(imayotsukasa.co.jp)*.

Para ir a Yoshinogawa hay que tomar un tren a Nagaoka y otro local a Miyaura. Imayo Tsukasa está cerca de la estación de Niigata, al final de la línea Joetsu de *shinkansen*.

Sirviendo un vaso de sake japonés

Sakes únicos

1

Ine Mankai

Mukai Shuzo, en la ciudad costera de Ine (prefectura de Kioto), produce un nihonshu inusual, el Ine Mankai. Se hace con arroz rojo, lo que le da un precioso color y un sabor intenso. Lo creó Mukai Kuniko, que en 1999 se convirtió en la primera mujer productora de Japón.

2

Mizubasho Pure

Nagai Sake (en la prefectura de Gunma), una de las primeras bodegas de la Asociación Japonesa del Awa Sake, fue pionera en el uso de la fermentación secundaria en botella para crear un nihonshu espumoso natural y suave como la seda.

3

Komyo

Cuanto más se pule el arroz, más suave y refinado es el nihonshu. En Yamanashi, el equipo de Tatenokawa llevó esto al extremo, puliendo el arroz hasta el 1 % para el sake Komyo.

«Productos locales, atención personal y una destreza increíble: kaiseki *en su máxima expresión».*

Sopa clara, plato habitual en las comidas *kaiseki*

Date el gusto de comer un *kaiseki* de varios platos

La alta cocina tradicional japonesa es un deleite para todos los sentidos

A medida que la cocina japonesa ha ido ganando popularidad en todo el mundo, han surgido restaurantes por doquier que sirven *sushi, ramen* y *okonomiyaki*. Pero si quieres probarla en su máximo esplendor, decídete por el *kaiseki*. Esta cocina refinadísima es la apoteosis de la cultura gastronómica nipona y, como hay tan pocos restaurantes *kaiseki* fuera de Japón, hay que acudir a la fuente.

En los menús *kaiseki* de varios platos se trata de realzar el sabor de los mejores ingredientes locales y estacionales. Los platos, entre 10 y 12, se sirven en un orden establecido, del más ligero al más pesado. La comida empieza con un pequeño aperitivo, seguido de una sopa clara y *hassun*, una selección de manjares de temporada. A continuación, *sashimi*, platos cocinados a fuego lento, a la parrilla, fritos y al vapor, antes de algo picante y avinagrado para limpiar el paladar. La comida se cierra con el llamado *shokuji* (un plato de encurtidos, sopa de *miso* y arroz) y un pequeño postre.

Aunque los sabores son fundamentales, la presentación y la ejecución también importan. Cada bocado se sirve en una vajilla escogida con esmero, a menudo de fabricación local, y se adorna con flores, hierbas e incluso pan de oro. Se miman todos los sentidos. Los platos suelen cocinarse en la mesa, con el burbujeo del caldo como relajante telón de fondo. La cerámica rugosa y el lacado suave aportan notas táctiles, al igual que las texturas de los alimentos, desde el aterciopelado tofu hasta la crujiente tempura. ¿Y los olores? Tentadores. Al quitar la tapa de la sopa de *miso*, por ejemplo, se desprende un aroma cálido y terroso.

Ni que decir tiene que el arte del *kaiseki* se ha perfeccionado a lo largo de los siglos. En Kioto y Nara se concentran los restaurantes más antiguos, pero se puede encontrar *kaiseki* exquisito en todo Japón. Y como es habitual en el país, los chefs están encontrando formas de combinar principios ancestrales con técnicas de vanguardia. Un ejemplo es Oryouri Fujii, que recibió dos estrellas en la Guía Michelin Hokuriku 2021. El chef Hironori Fujii se formó en Tokio, Kioto y Kanazawa antes de regresar a su Toyama natal por la abundancia de verduras y la generosidad de la bahía. Sus platos son de alta cocina, pero nunca complicados: el *ayu* (pez dulce) se prepara a la brasa y se sirve en un nido de hojas de bambú frescas; el *nihonshu* (sake), elaborado en la misma calle, se sirve en vasos artesanales. Productos locales, atención personal y una destreza increíble: *kaiseki* en su máxima expresión.

—HAZLO REALIDAD—

Oryouri Fujii se encuentra en el barrio de Iwase de Toyama, ciudad en la costa del mar de Japón, en el centro de Honshu.

Oryouri Fujii cierra los lunes. Como en la mayoría de los restaurantes *kaiseki*, es necesario reservar *(oryouri-fujii.jp* o *pocket-concierge.jp)*. Comprueba antes si el menú incluye alimentos que deseas evitar. Si eres vegetariano o celiaco, aclara si puedes tomar *dashi* (caldo de pescado) y salsa de soja.

Oryouri Fujii está a 10 minutos a pie de las paradas de tranvía de Higashi-Iwase y Keirinjo-Mae. Los tranvías van a la estación de Toyama, donde paran los *shinkansen* de la línea Hokuriku y otras líneas que conectan con Gifu, Takayama y la ruta alpina Tateyama-Kurobe. Cerca del restaurante hay un muelle de embarque de la línea de cruceros Fugan Suijo entre Iwase y el parque de Kansui.

Deléitate con un suculento *wagyu*

La carne de Kobe, considerada una de las mejores variedades de vacuno del mundo, no es la única *wagyu* que vale la pena probar

El *wagyu* se ha convertido en un fenómeno mundial, el patrón oro de la carne de vacuno. Aunque han surgido rumores extravagantes para explicar su exquisitez —el más popular destaca que estas vacas reciben masajes diarios con cerveza—, los verdaderos secretos del *wagyu* son más prosaicos: una cría cuidadosa, una dieta equilibrada y mucho espacio para pastar.

Aunque la carne de Kobe acapara todo el protagonismo, en realidad hay varios tipos de *wagyu* (literalmente, «carne japonesa»). De hecho, muchos entendidos valoran variedades como el Matsusaka y el Omi más que la propia Kobe. La carne de Omi es conocida por su excepcional ternura, su veteado y el bajo punto de fusión de su grasa. También es poco común: solo se crían 6000 reses al año, así que, si quieres probarla, tendrás que ir a su lugar de crianza, la prefectura de Shiga. La sirven en muchos lugares, desde casas de huéspedes a orillas del lago Biwa hasta restaurantes *kaiseki* *(p. 105)*; los mejores están en la capital de la prefectura, Otsu, junto al lago, en la histórica ciudad de Hikone y en la pintoresca Omi-Hachiman, rodeada de canales. Prepárate para gastar porque la carne de *wagyu* es muy apreciada con razón y su elevado precio lo refleja.

— HAZLO REALIDAD —

La prefectura de Shiga limita con Kioto, Mie, Gifu y Fukui.

Visita el sitio web *oumiushi.com* para ver una lista de lugares que sirven Omi.

La línea Tokaido de *shinkansen* para en Maibara, cerca de Hikone, y en Kioto, cerca de Otsu.

Carne de *wagyu* asándose en una barbacoa

Anguila a la parrilla en el mercado de Nishiki

39

Explora el mercado de Nishiki, en Kioto

Esta galería comercial alberga el mejor mercado de alimentos de la ciudad, conocido como la Cocina de Kioto

— HAZLO REALIDAD —

El Nishiki Ichiba está en el centro de Kioto, al lado de la Teramachi-dori, una calle comercial cubierta al norte de la Shijo-dori.

Los puestos abren de 10.00 a 18.00, pero cierran antes si se agotan las existencias.

Cerca hay varias paradas de autobús y la estación de Shijo de la línea de metro Karasuma.

Brochetas de pescado chisporroteando en una parrilla de carbón, enormes barriles de madera llenos de coloridos encurtidos y el aroma de los buñuelos de leche de soja en las freidoras. El Nishiki Ichiba es un festín para todos los sentidos, sobre todo para el gusto. Este mercado cubierto alberga más de 100 tiendas apretujadas en una estrecha calle comercial. Como tantos otros lugares de Kioto, tiene siglos de antigüedad. Empezó siendo un mercado de pescado y más tarde se amplió para vender todo tipo de productos, desde alimentos hasta bonitos utensilios de cocina hechos a mano. Algunos de los puestos llevan aquí generaciones.

Y como todo gira en torno a la comida, es un lugar ideal para explorar la variada gastronomía de la ciudad. Muchos puestos ofrecen muestras para probar especialidades como los *Kyo-tsukemono* (encurtidos típicos de Kioto) antes de comprar. Otros venden tentempiés en pequeñas porciones: se puede comprar tempura de verduras en un puesto, crujientes *senbei* (galletas de arroz) con sabor a *miso* en otro y un tentador surtido de *mochi* (pasteles de arroz blandos) en otro. Solo recuerda que en Japón está mal visto comer mientras se camina; lo mejor es dar buena cuenta del botín de pie o sentado junto al puesto, gozando de las vistas, los sonidos y los olores de este histórico mercado.

Bebe hasta la madrugada en los *izakaya* y los *yokocho*

Estos tradicionales locales nocturnos de comida y bebida arrojan luz sobre la vida social del país

Bares, discotecas, karaokes... Hay muchas formas de pasar una velada en Japón. Pero si lo que quieres es vivir al más puro estilo japonés, tienes que ir a un *izakaya*. En estos locales tradicionales, como en los bares europeos, se come, se bebe y se charla.

Para los no iniciados, las cadenas de *izakaya* como Uotami —especializada en marisco—, Akakara —conocida por su guiso picante—, y Torikizoku —con su popular menú de 360 yenes—, son buenos lugares para empezar. Suelen tener cartas en inglés, para que te familiarices con los platos típicos. Cuando te sientas más seguro, busca algo más local e independiente. La decoración de los *izakaya* tiende al estilo japonés, a menudo con tatamis, y es probable que veas un *kamidana* (pequeño altar sintoísta) o un *ofuda* (talismán) en un estante. Las bebidas son abundantes, desde cócteles y cervezas hasta *nihonshu* (sake). Es probable que las paredes estén cubiertas de tiras de papel o placas de madera con una llamativa caligrafía negra donde se anuncian los platos. Pero no te dejes intimidar. Pide clásicos como *hokke* (caballa a la parrilla), *tamagoyaki* (tortilla japonesa) o *yakitori* (brochetas de pollo) y no podrás equivocarte. También puedes pedir sugerencias al camarero con la frase *osusume wa*.

Tanto si te diriges a un *izakaya* en concreto como si buscas locales únicos y llenos de ambiente para tomar un tentempié a altas horas de la noche o una copa en buena compañía, lo más probable es que acabes en un *yokocho*, es decir, un callejón repleto de pequeños restaurantes y bares, a menudo con letreros de neón.

Uno de los más famosos de Tokio es el Omoide Yokocho («callejón de los Recuerdos»), un clásico de Shinjuku con unos 60 locales. Ver el tenue brillo de sus farolillos rojos y el humo del carbón en el aire es como retroceder al Tokio de antes de los rascacielos. Otro lugar detenido en el tiempo es Golden Gai, un grupo de edificios de poca altura cercano a la estación de Shinjuku que sobrevivió a la remodelación de la posguerra y alberga más de 200 minúsculos bares, tan cautivadores como destartalados. Todos son diferentes entre sí y la decoración, la carta y la música de cada uno reflejan la obsesión de su propietario, ya sea el punk rock, el cine clásico o las maquetas. Algunos son solo para socios y otros cobran por entrar, pero la mayoría son gratuitos y están abiertos a todo el mundo. Totobar es una buena opción para tomar *nihonshu*, dragon_i está orientado a la comunidad LGTBIQ+ y Pitou tiene una gran selección de vinos naturales.

—HAZLO REALIDAD—

Muchos *izakaya* están cerca de las estaciones de tren. Golden Gai y el Omoide Yokocho están en Tokio, a 10 minutos a pie entre sí. Golden Gai está al este de las estaciones de Shinjuku y Seibu-Shinjuku; Omoide Yokocho está al lado de la estación de Shinjuku-Nishiguchi.

Muchos *izakaya* sirven un *otoshi* (aperitivo), que se agrega a la cuenta como cargo por mesa. Los bares solo para socios tienen las puertas cerradas y letreros que dicen «solo clientes habituales» o «turistas no». En Golden Gai está prohibido hacer fotos sin permiso. En muchos bares e *izakaya* se permite fumar.

Cualquier estación de Shinjuku está cerca de Golden Gai y del Omoide Yokocho. En la estación de Shinjuku hay que elegir bien la salida, ya que es la más concurrida del mundo y es fácil perderse.

Arriba a la izquierda *Izakaya* del Omoide Yokocho de Tokio
Arriba a la derecha Concurrido local de *yakitori* en Shinjuku
Izquierda Clientes en un pequeño *izakaya* del Omoide Yokocho

Un recorrido por Japón para *gourmets*

DURACIÓN 10 días **INICIO** Miyazaki; vuela desde Tokio u Osaka, o toma un *shinkansen* desde otros puntos de Kyushu **DESPLAZAMIENTOS** Trenes JR y bala **FIN** Morioka; esta importante ciudad está incluida en la línea Tohoku de *shinkansen* (entre Aomori y Tokio), por lo que es fácil volver a la capital

Si tu idea del viaje perfecto tiene que ver con la comida y la bebida, este es tu itinerario. Está diseñado para comer y beber en acogedores *yatai* (puestos callejeros de comida), diminutos *izakaya* (bares tradicionales), refinados restaurantes con estrellas Michelin y animados *yokocho* (callejones de copas). ¿Y qué hay en la carta? Además de clásicos como el *sushi* —de los más frescos que hayas probado jamás—, podrás degustar delicias regionales como el *okonomiyaki* al estilo de Hiroshima, la ternera de Kobe, de calidad mundial, el sake y el *whisky* japonés. No olvides dejar espacio al final del viaje para los tres grandes fideos de Morioka, que supondrán el desafío gastronómico definitivo.

INICIO

1. MIYAZAKI
Esta prefectura, cuna de populares platos regionales, es el lugar ideal para empezar. Prueba el *nanban don* (pollo frito con salsa tártara) y el Huevo del Sol, una variedad de mango dulce que solo se cultiva aquí. La siguiente escala es Beppu, a unas tres horas y media vía Oita.

2. BEPPU
Las aguas termales sulfurosas de Beppu *(p. 188)* sirven para elaborar especialidades *onsen*, desde huevos hasta pescado, cocinados al vapor sobre los manantiales. Pasa una noche aquí comiendo y descansando.

3. FUKUOKA
El tren JR tarda dos horas en llegar a esta animada ciudad, donde puedes pasar la tarde en los *yatai* (puestos de comida callejera, *p. 94)* comiendo *mentaiko* (huevas de abadejo marinadas) y fideos.

4. HIROSHIMA
Tras una hora de trayecto en *shinkansen* se llega a Hiroshima *(p. 32)*, donde el *okonomiyaki* se hace con capas de masa de tortita, fideos fritos, col y carne o marisco, todo untado con una salsa *umami*.

5. KOBE
Los carnívoros no pueden perderse la famosa carne de Kobe *(p. 106)*. Es fácil llegar en tren desde Hiroshima. Quédate el tiempo suficiente para degustar también platos *yoshoku*.

6. TOBA
Este bello paraje de la bahía de Ise es conocido por las *ama*, mujeres que practican la apnea y recogen ostras, orejas de mar y otros mariscos. Vale la pena viajar hasta aquí para conocerlas y probar su comida. Viaja en tren desde Kobe vía Shin-Osaka y Nagoya (algo menos de cuatro horas).

7. TOKIO
Tras un viaje en tren JR a Nagoya (dos horas) y luego en *shinkansen* hasta Tokio (algo menos de dos horas), seguro que tendrás hambre. La capital tiene múltiples opciones para los amantes de la gastronomía, desde *izakaya* *(p. 108)* hasta sitios con estrellas Michelin. Pasa al menos dos noches.

8. TENDO
Toma un *shinkansen* a Tendo (tres horas), donde se elaboran algunos de los mejores *nihonshu* (sakes) de Japón. Las bodegas ofrecen variedades tradicionales, especiales de temporada, espumosas y añejas. Al día siguiente haz el trayecto de dos horas en tren JR a Sendai, vía Uzenchitose.

9. SENDAI
En esta ciudad se come muy bien. Las cartas de todo el país incluyen especialidades locales como la *gyutan* (lengua de vaca a la parrilla) y las *aoba gyoza* (empanadillas verdes fritas). Si tienes sed visita la destilería de *whisky* Nikka y la bodega de Akiu Onsen.

10. MORIOKA
Termina el viaje por todo lo alto con los tres grandes fideos de Morioka *(p. 100)*, entre los que destacan los *wanko soba*. Estos fideos se sirven en pequeños cuencos que invitan a competir por ver quién come más, ya que las raciones son muy pequeñas.

FIN

JAPÓN

NATURAL

Este archipiélago de miles de islas, que se extiende desde los confines de Siberia hasta los trópicos, alberga una increíble variedad de paisajes: volcanes, playas y valles exuberantes. Ahora tienes la oportunidad de explorarlos todos.

EN EL MAR

JAPÓN NATURAL

41 Camina por bosques centenarios en Yakushima

42 Explora el remoto Parque Nacional de Rishiri-Rebun-Sarobetsu

43 Sumérgete en un baño de bosque en las colinas de Sayama

44 Siente la fuerza del volcán Sakurajima

45 Bucea en las aguas de las islas Yaeyama

46 Encuentra la calma en los jardines clásicos de Kioto

47 Contempla el ciervo sagrado de Nara

48 Vive como los monjes de montaña de Dewa-Sanzan

49 Admira los detalles del gran jardín de Adachi

50 Disfruta de la naturaleza en las islas Ogasawara

51 Desciende por los rápidos del río Kitayama

52 Pasea por los bosques de bambú de Kioto

42
HOKKAIDO
Sapporo
Aomori
Akita
Océano
Pacífico
48
Niigata
Sendai
HONSHU
43
TOKIO
Yokohama
0 km
100
Islas del sur
HOKKAIDO
HONSHU
KYUSHU
SHIKOKU
41
OKINAWA
45
50

41

Camina por bosques centenarios en Yakushima

En esta misteriosa isla al sur de Kyushu hay cedros más antiguos que algunas civilizaciones

Yakushima es un lugar antiguo y poderoso. Esta montañosa isla de granito de 505 kilómetros cuadrados está cubierta por una densa selva tropical. Alberga árboles que han visto caer imperios y playas donde las tortugas marinas vuelven a desovar generación tras generación. El tiempo es casi tangible aquí: está suspendido en el aire como las nubes que envuelven perpetuamente las montañas. Hayao Miyazaki, el visionario fundador del Studio Ghibli, buscó inspiración en los exuberantes paisajes de Yakushima para su epopeya ecologista *La princesa Mononoke*. Y es fácil entender por qué: al adentrarse en el bosque, uno se siente aislado del mundo exterior, inmerso en una realidad muy distinta de la cotidiana. La mirada se eleva hacia las copas de los árboles, luego hacia las raíces ondulantes que emergen del sendero, antes de que el canto de un pájaro o el lejano rumor de una cascada atraigan la atención hacia otro lugar.

El senderismo es una de las principales razones para ir a Yakushima. Mientras que las poblaciones de la isla se hallan en el litoral, conectadas por una carretera sinuosa, en el interior se suceden las montañas, los bosques y las cascadas. Hay varios senderos y algunos de los más fáciles están en Yakusugi Land, una reserva forestal (a la que se puede llegar en autobús) con varios recorridos circulares. Incluso en un paseo de 30 minutos se puede contemplar un paisaje impresionante y admirar el mayor atractivo de Yakushima: los *yakusugi*, cedros de al menos un milenio de antigüedad. Están repartidos por todo el bosque y cada uno de ellos es un ecosistema en sí mismo. A solo 6 kilómetros al oeste de Yakusugi Land está *Kigensugi* (los árboles más viejos tienen nombre); este cedro de 3000 años y más de 8 metros de circunferencia alberga abundantes epífitas, como el serbal japonés y el rododendro de Yakushima.

Los *yakusugi* más espectaculares se hallan en el corazón del bosque. Un ejemplo es *Jomonsugi*, llamado así porque se cree que empezó a crecer en el período Jomon (14 000-300 a. C.). Su tronco nudoso cubierto de musgo duplica la circunferencia del de *Kigensugi* y parece hecho de fósiles y rocas estriadas más que de madera viva. Para verlo hay que caminar cinco horas por los senderos Anbo y Okabu (no es de extrañar que no se descubriera hasta 1968).

Desde los manglares costeros hasta las fuentes termales que se revelan con la marea baja, la riqueza natural de la isla es abrumadora. Para aprovecharla al máximo solo hay que adoptar el tempo de Yakushima: baja el ritmo, respira y disfruta del mundo ancestral que te rodea.

—HAZLO REALIDAD—

Yakushima está en la prefectura de Kagoshima, a 60 kilómetros al sur de Kyushu.

Yakushima es el lugar más lluvioso de Japón y en invierno suele nevar en el interior; tenlo en cuenta al hacer el equipaje. Hay muy pocos cajeros automáticos en la isla, por lo que conviene llevar dinero en efectivo. La acampada libre no está permitida, pero hay cabañas y *campings* en el bosque y una buena oferta de alojamiento en la costa.

Yakushima tiene un aeropuerto con vuelos a Kagoshima, Fukuoka y Osaka. A sus dos puertos, Miyanoura y Anbo, llegan hidroplanos de Ibusuki y un ferri de automóviles de Kagoshima. Varios autobuses recorren la carretera costera (excepto el tramo de la costa oeste entre Nagata y Okonotaki) y van a algunos puntos del interior.

Derecha Un ciervo salvaje de Yakushima
Abajo izquierda El milenario árbol *Kigensugi*
Abajo derecha Un macaco

> *«Rebun cuenta con varias rutas de senderismo y la más pintoresca es la de Momoiwa».*

La isla de Rebun, famosa por su hermosa flora y su paisaje costero

Explora el remoto Parque Nacional de Rishiri-Rebun-Sarobetsu

El territorio protegido más septentrional de Japón contiene dos hermosas islas y un humedal

En el extremo norte se encuentran algunos de los paisajes naturales más remotos y notables de Japón, y entre los mejores están los del Parque Nacional de Rishiri-Rebun-Sarobetsu. Esta extensa zona protegida se divide en tres secciones: la llanura de Sarobetsu, en la costa de la isla de Hokkaido; la Rishiri-to, una isla volcánica de elegante forma cónica; y la Rebun-to, una isla con forma de cuña situada al noroeste de la Rishiri-to.

Aunque la zona sigue el patrón de las cuatro estaciones de Japón, en esta latitud hay variaciones. En los meses frescos y secos de primavera y otoño, los observadores de aves se instalan entre las oscilantes hierbas de la llanura de Sarobetsu para otear gansos campestres, cisnes chicos y escribanos aureolados, en peligro crítico de extinción. Al acercarse el verano, los alegres *ezo-kanzo* (lirios de día) amarillos florecen en Sarobetsu, las delicadas *Rishiri hinageshi* (diminutas flores amarillas y verdes) se abren cerca de la cima del monte Rishiri y plantas autóctonas como la rara *Rebun usuyukiso*, parecida a la flor de las nieves, florecen en la ondulada isla de Rebun.

Con esta abundancia de flora y fauna, el senderismo es la mejor forma de explorar y conocer el paisaje. Rebun cuenta con varias rutas de senderismo y la más pintoresca es la de Momoiwa. Este popular sendero serpentea por los escarpados acantilados de la isla, barridos por el viento, entre coloridas flores alpinas, y ofrece espectaculares vistas de Rishiri. Más excursiones aguardan en esta isla salvaje, que alberga el inactivo volcán Rishiri, una de las 100 montañas famosas de Japón *(hyaku-meizan)*. Si te apetece un reto reserva un día para hacer cumbre en su pico Norte (1719 metros) por la ruta Oshidomari, la más fácil, o la ruta Kutsugata, más tranquila pero más técnica. Desde la cima podrás disfrutar de unas soberbias vistas por encima de las nubes. Otra opción es alquilar una bicicleta y recorrer una ruta de 20 kilómetros por la costa noroeste de la isla, con parada en la pintoresca laguna de Hime, desde donde se puede subir a pie al monte Pon (444 metros) en 90 minutos.

Durante los largos inviernos, el territorio permanece tranquilo bajo una gruesa capa nívea. Esquiadores ocasionales se deslizan por la nieve polvo mientras los gigantes pigargos europeos sobrevuelan la zona. Poca gente se aventura por aquí debido a las duras condiciones, pero quienes lo hacen se ven recompensados en los días más tranquilos con paisajes prístinos. Es el Parque Nacional de Rishiri-Rebun-Sarobetsu en su estado más salvaje.

HAZLO REALIDAD

La llanura de Sarobetsu está en el extremo norte de Hokkaido, entre Wakkanai y Horonobe. Rishiri se sitúa a 20 kilómetros al oeste y Rebun, otros 10 kilómetros al noroeste.

En Rishiri se alquilan bicicletas cerca de los puertos de ferris y en algunos alojamientos. Las instalaciones de los senderos son mínimas, así que lleva el equipo necesario (incluido un inodoro portátil). Cíñete siempre a los senderos para no dañar las frágiles flores silvestres.

Wakkanai tiene aeropuerto; también se puede ir en tren JR desde Sapporo vía Asahikawa (con transbordo). Hay ferris regulares entre Wakkanai, Rishiri (puertos de Kutsugata, en la costa oeste de la isla, y Oshidomari, en el norte) y Rebun.

43

Sumérgete en un baño de bosque en las colinas de Sayama

Contempla la naturaleza, aunque solo sea una tarde, en el paisaje que inspiró *Mi vecino Totoro*

En Japón siempre se ha entendido el poder de los bosques: se ha creado un vocabulario específico —como *komorebi*, la luz del sol moteada a través de los árboles— y se han construido puertas para señalar las arboledas sagradas. En la década de 1980, este conocimiento se combinó con la psicología moderna para crear el concepto de *shinrin-yoku* (baño de bosque), que consiste en sumergirse en el bosque con los cinco sentidos. Hoy ya se ha adoptado como una forma de desconectar y restablecerse.

Y no hay mejor lugar para hacerlo que las colinas de Sayama. Este acogedor rincón verde está a las afueras de la bulliciosa capital de Japón, Tokio. También es conocido como el bosque de Totoro en homenaje a la entrañable película de Studio Ghibli de 1988, *Mi vecino Totoro*, ambientada en este bonito y frondoso paisaje. Mientras caminas por los tranquilos senderos, escucha el crujido de las ramas y las hojas bajo tus pies y los trinos de los pájaros en los árboles. Pasa la mano por las cortezas. Concéntrate en el olor de la tierra después de la lluvia o en el frescor del otoño al respirar. La sensación de estar presente en la naturaleza te tranquilizará enseguida. Y cuando vuelvas al ajetreo de las megalópolis niponas, lo harás con el corazón en paz.

—HAZLO REALIDAD—

Las colinas de Sayama están entre el área metropolitana de Tokio y Saitama.

Puedes ver un mapa del bosque de Totoro en *totoro.or.jp/national_trust*.

Según la parte que desees explorar, dirígete a las estaciones de Kotesashi, Shimoyamaguchi o Seibukyujo-mae.

Combínalo con SHIKOKU

Abraza el lado espiritual del shinrin-yoku *en una peregrinación. El tramo del Shikoku Henro* (p. 191) *entre los templos 11 y 23 pasa por preciosos bosques.*

Bosque en las colinas de Sayama

Monte Sakurajima

44

Siente la fuerza del volcán Sakurajima

Con su casi constante columna de humo, es más que evidente el poder de este estratovolcán

—HAZLO REALIDAD—

Sakurajima está en la bahía de Kagoshima, en la isla de Kyushu.

Puedes consultar la actividad volcánica en la web de la Agencia Meteorológica de Japón *(jma.go.jps)*.

Toma un *shinkansen* desde Osaka hasta la estación de Kagoshimachuo y después un ferri a Sakurajima.

El monte Fuji es el volcán más famoso de Japón, pero no es el más activo. Para conocer uno de los picos más imponentes de Japón hay que dirigirse al sur, a la isla de Kyushu. Allí se encuentra el volcán más activo del país, a solo 4 kilómetros de la ciudad de Kagoshima, de 580 000 habitantes, al otro lado de una bahía.

Se trata del Sakurajima, un estratovolcán de 1117 metros de altura con una columna casi constante de humo que se eleva desde su cráter dentado. Aunque *jima* significa isla, el Sakurajima se encuentra en realidad en una península desde una erupción acaecida en 1914, cuyas coladas piroclásticas crearon un istmo. La erupción estuvo a punto de sepultar una *torii* de 3 metros de altura que aún puede verse.

Debido a su explosividad, el volcán está cerrado al público, pero el observatorio de Yunohira, en el oeste de Sakurajima, ofrece unas vistas épicas de su cima. También se puede cruzar la bahía y dirigirse a los cuidados jardines de Sengan-en (residencia histórica del poderoso clan samurái Shimazu) para contemplar la inconfundible silueta del volcán. Tanto si el Sakurajima está en silencio, hirviendo a fuego lento o a punto de entrar en erupción —hay pequeñas erupciones cada día—, seguro que te impresionará con su sutil poder y su melancólica belleza.

Fauna marina de Yaeyama

1

Tiburón martillo

Hasta 100 tiburones martillo migran cerca de Irizaki, en el oeste de Yonaguni, cada año entre noviembre y abril.

2

Tortuga marina

Kuroshima, al suroeste de Ishigaki, es el único lugar de Japón donde se pueden ver tortugas verdes, carey y bobas anidando.

3

Mantarraya de arrecife

Las Yaeyama son el mejor lugar de Japón para ver deslizarse a la especie de raya más grande del mundo.

45

Buceo sobre un arrecife de coral en las islas Yaeyama

Bucea en las aguas de las islas Yaeyama

Este remoto archipiélago alberga una hermosa y diversa vida marina

Playas de arena blanca, aguas cristalinas y clima subtropical pueden componer una clásica imagen del paraíso, pero si algún lugar hace honor a ese cliché con el que muchos sueñan es el archipiélago de Yaeyama. Estas lejanas islas del suroeste de Okinawa ofrecen belleza a raudales. Sin embargo, es lo que hay bajo sus aguas lo que las hace que sean tan especiales.

Este paraíso del buceo tiene arrecifes de coral, fuentes termales submarinas, enormes formaciones rocosas y peces tropicales. La isla principal, Ishigaki, es un buen punto de partida para explorar el área. En un popular punto de inmersión cercano a Yonehara, coloridos peces mariposa, anthias cola de lira y tortugas marinas se dejan ver por el arrecife. Shiraho-no-umi, en la costa sureste de la isla, alberga una gran colonia de coral Ao (un tipo raro de coral azul). Y en Manta Scramble, en el noroeste de Ishigaki, majestuosas mantarrayas se deslizan suavemente bajo el agua.

Los buceadores más experimentados deben dirigirse a la apartada isla de Yonaguni, donde el misterioso Monumento de Yonaguni aguarda bajo las olas. Esta enorme formación rocosa es tan angulosa y precisa que algunos sostienen que son los restos de una civilización de miles de años de antigüedad. Sea cierto o no, es un lugar fascinante y único para hacer una inmersión.

HAZLO REALIDAD

Las Yaeyama están en el suroeste de la prefectura de Okinawa e incluyen las islas habitadas más meridionales y occidentales de Japón.

Se puede bucear todo el año, pero la temporada alta es de mayo a noviembre, cuando el agua está más caliente y suele haber mantas.

El aeropuerto mejor comunicado es el de Ishigaki, una de las islas, con enlaces a Tokio, Osaka y Naha. Todas las islas están comunicadas por ferris.

Las preciosas arenas blancas y aguas azules de Ishigaki, una de las islas Yaeyama

El tranquilo jardín del Tenryu-ji, con sus variados tonos otoñales

46

Encuentra la calma en los jardines clásicos de Kioto

Conoce los distintos estilos de jardines japoneses de la antigua capital nipona

—HAZLO REALIDAD—

Kioto está en la prefectura homónima, en la región de Kansai.

En la mayoría de los jardines se cobra entrada, pero no hay que reservar.

Por Kioto pasa la línea Tokaido de *shinkansen* (que conecta Tokio y Osaka), entre otras líneas ferroviarias. Puedes moverte por la ciudad en tren, autobús, metro o a pie.

Los jardines japoneses no son espacios verdes al uso. Su belleza está fuera de duda, pero son más apreciados por las ideas espirituales y filosóficas que subyacen en cada elemento de su diseño. Aunque hay varios estilos —el jardín seco, el de paseo y el de té son los más comunes—, muchos comparten elementos y principios: por ejemplo, las plantas son sutiles, los caminos serpenteantes ayudan a concentrarse y el agua se considera purificadora.

Uno de los mejores lugares para contemplar el impecable paisajismo nipón es Kioto. Entre sus numerosos jardines es difícil elegir unos pocos. El jardín seco del Ryoan-ji, del siglo XV, es un espacio meditativo de belleza sobria, con sus rocas colocadas con precisión y su grava rastrillada. También destaca el verde jardín tradicional de Okochi Sanso, antigua propiedad de una de las primeras estrellas del *jidaigeki* (cine de época). Pero quizás el más impresionante sea el jardín del Tenryu-ji (el primero declarado lugar de especial importancia histórica y paisajística de Japón). Aunque los edificios del templo se han reconstruido varias veces, el jardín ha permanecido intacto desde el siglo XIII, lo que lo convierte probablemente en el jardín de paseo más antiguo del país. Al ralentizarse el paso mientras se bordea el estanque y se contempla el entorno minuciosamente diseñado, es fácil entender el concepto de jardín de paseo.

Contempla el ciervo sagrado de Nara

En la capital japonesa del siglo VIII viven unos 1200 ciervos, atrevidos pero encantadores

Para disfrutar de la fauna salvaje hay que adentrarse en la naturaleza, pero no en Nara. Por las históricas calles de esta pintoresca ciudad deambulan multitud de ciervos salvajes bastante atrevidos. Cuenta la leyenda que Takemikazuchi, una deidad consagrada en el santuario Kasuga, del siglo VIII, llegó a Nara a lomos de un ciervo blanco. Así, el animal pasó a ser considerado un mensajero de los dioses y se le concedió el gobierno de la ciudad. Como es natural, los venados se sienten más atraídos por las colinas boscosas del parque Nara, aunque en el camino desde el bullicioso centro de la ciudad al parque se los ve descansando bajo los árboles, acechando tras las verjas o reteniendo el tráfico despreocupadamente. En el parque, los turistas les ofrecen *shika senbei* (galletas para ciervos). Muchos han aprendido que con una rápida reverencia consiguen comida —la buena educación aconseja devolver la reverencia—, pero otros emplean una táctica más directa y meten sus hocicos en bolsas y bolsillos.

Este descarado comportamiento se da en las horas de mayor afluencia al parque. Para evitarlo y gozar de una experiencia más genuina se recomienda pasar la noche en Nara para contemplar a los ciervos a la luz de lámparas de los antiguos santuarios y templos, y madrugar para verlos surgir de la niebla matutina. Habrá quien se pregunte si de verdad son mensajeros divinos.

HAZLO REALIDAD

El parque Nara se extiende al este de la ciudad.

Los ciervos de Nara son animales salvajes y hay que tratarlos con precaución. Dales de comer solo las *shika senbei* que se venden en el parque.

Las estaciones de Kintetsu-Nara y JR Nara están a poca distancia a pie del parque.

Un ciervo en el parque Nara

Vive como los monjes de montaña de Dewa-Sanzan

Los *yamabushi* recurren a antiguas prácticas espirituales en las salvajes áreas montañosas de Japón

Las montañas de Japón tienen algo especial, y si no que se lo pregunten a los *yamabushi*. Estos monjes, cuyo nombre significa «los que se inclinan ante las montañas», practican el *shugendo*, un antiguo culto basado en prácticas ascéticas y una conexión profunda y directa con la naturaleza. Esta religión sincrética surgió de una combinación de creencias budistas, sintoístas y populares en torno al siglo VII y fue prohibida por el gobierno Meiji entre 1872 y 1947 debido a su amalgama de prácticas. Aunque hoy tiene pocos adeptos, el *shugendo* aún ejerce una poderosa atracción en el imaginario nipón. Igual que los neoyorquinos sueñan con irse a la soleada costa de California y los londinenses con tener una granja en el campo, los hastiados oficinistas tokiotas fantasean con escaparse a las montañas para llevar una vida tranquila y frugal. Por suerte, hay una forma de hacerlo, al menos temporalmente: apuntarse a un retiro con un *yamabushi*.

Este culto llegó a practicarse en todo el país, pero ahora el principal centro de actividad es Dewa-Sanzan, las tres montañas sagradas de Yamagata donde se dice que surgió el *shugendo*. Los visitantes pueden participar en diversos grados, desde hacer caminatas guiadas y meditaciones de tres días hasta hacer retiros de una semana renunciando a todas las comodidades modernas.

Sea cual sea la actividad transformadora en la que te embarques, las reglas son las mismas. Para empezar, los teléfonos móviles, relojes y libros se guardan bajo llave para centrarse en el presente. Debes vestir la misma ropa blanca y el tradicional calzado *tabi* que llevan los *yamabushi*, portar un bastón de madera, dormir en templos o cabañas de peregrinos y comer sencillos alimentos locales. Hay que madrugar y pasar el día recorriendo senderos sagrados por las montañas y practicando el *takigyo*, una forma de meditación bajo una cascada para purificar el cuerpo y centrar la mente. Los únicos sonidos que oirás serán los de la naturaleza, la evocadora llamada de la caracola que los *yamabushi* usan para invocar a los dioses y tu propia respuesta a las instrucciones: *uketamo* (acepto humildemente) es la única palabra que pronunciarás.

Y después de pasar tantos días deambulando por las montañas, te llevarás a casa una sensación de calma y concentración. Con el espíritu indomable de las poderosas montañas cerca, el caos y el ruido de la vida moderna no parecerán tan inmanejables.

—HAZLO REALIDAD—

Los tres picos de Dewa-Sanzan —Haguro-san, Gassan y Yudono-san— están en la parte más septentrional del Parque Nacional de Bandai-Asahi, en la prefectura de Yamagata.

La mayoría de las actividades solo se realizan entre junio y septiembre, ya que las fuertes nevadas hacen las montañas inaccesibles o inseguras para los visitantes inexpertos el resto del año. Reserva tu experiencia a través de Yamabushido *(yamabushido.jp)*, que ofrece estancias de varios días y en varios idiomas con los *yamabushi* de Dewa-Sanzan.

La ciudad de Tsuruoka es el principal punto de acceso a Dewa-Sanzan y el punto de encuentro de muchos cursos de *yamabushi*. Se puede ir en tren desde Niigata en la línea Joetsu de *shinkansen*.

«Hay que madrugar y pasar el día recorriendo senderos sagrados por las montañas».

Arriba Calzado tradicional *yamabushi*
Abajo Un *yamabushi* caminando por la nieve en Yamagata
Izquierda Pagoda cubierta de nieve en el Haguro-san, uno de los picos de Dewa-Sanzan

49

Admira los detalles del gran jardín de Adachi

Esta joya del diseño, meticulosamente elaborada, es el mejor jardín de Japón

Puede que una tranquila zona rural de Shimane no sea la ubicación más obvia para encontrar el jardín más admirado de Japón. El jardín del Museo de Arte Adachi ha sido elegido el favorito del país todos los años desde 2003, una hazaña notable teniendo en cuenta su corta edad. Es la visión de Zenko Adachi, un lugareño de origen humilde que se convirtió en un importante coleccionista de arte japonés y, deseoso de enriquecer la escena cultural de Shimane, abrió el fascinante museo de arte y su jardín en 1970. Adachi había empezado a ajardinar los terrenos del museo dos años antes, afirmando que «el jardín es también un lienzo». El jardín fue su pasión y su gran logro: tenía unos 60 años cuando empezó y continuó con la obra hasta su muerte, a los 91.

Las seis zonas muestran diferentes estilos de jardinería japonesa, desde el elegante jardín de musgo hasta la inteligente incorporación de los picos cercanos como paisaje prestado. Su precisión es casi irreal: ni un guijarro está fuera de lugar en el jardín seco, el césped es tan verde y está tan minuciosamente recortado que parece una alfombra y las ventanas del museo enmarcan las vistas de cada zona para crear cuadros vivientes desde el interior en perfecta sincronía. Si solo puedes visitar un jardín en Japón, que sea este.

HAZLO REALIDAD

El Museo de Arte Adachi está cerca de Yasugi, en la prefectura de Shimane, al este de Matsue e Izumo por la línea principal JR San'in.

El museo abre todos los días; consulta los horarios en *adachi-museum.or.jp*. Hay descuentos para visitantes extranjeros y audioguías en inglés.

Hay un autobús gratuito desde la estación de JR de Yasugi; hay que llegar un poco antes para hacer cola y recoger el billete de vuelta en el museo.

El ingenioso jardín con estanque del Museo de Arte Adachi

Los tres grandes jardines de Japón

1

Kenroku-en

Japón cuenta con una lista ampliamente aceptada de los tres grandes jardines desde al menos el siglo XIX. El primero es el Kenroku-en de Kanazawa, un jardín de paseo con una gran variedad de elementos: estanques, puentes, piedras, casas de té y árboles podados con precisión.

2

Koraku-en

Este jardín de Okayama, también diseñado para pasear, ofrece diferentes vistas a quienes lo recorren lentamente. El castillo de Okayama, que se asoma entre los árboles desde el otro lado del río, sirve como shakkei *(paisaje prestado).*

3

Kairaku-en

El Kairaku-en de Mito (p. 236) *comenzó siendo un parque. Sigue teniendo un aire más relajado y desestructurado que los otros dos jardines y sus arboledas de ciruelos, bambús y cedros invitan al visitante a relajarse a la sombra.*

Disfruta de la naturaleza en las islas Ogasawara

Las islas más alejadas de Japón, protegidas por la Unesco, albergan una fauna fascinante

Tokio, el área metropolitana más poblada del mundo, abarca numerosos rascacielos, vías navegables, alguna que otra montaña y, lo más sorprendente, las idílicas islas Ogasawara. Sin embargo, este archipiélago, que administrativamente forma parte de Tokio, se encuentra a unos 1000 kilómetros de distancia; de hecho, es tan remoto que su fauna y flora han seguido caminos evolutivos únicos. Esta fascinante ecología, unida a la escasez de turistas dispuestos a aventurarse tan lejos, hacen de las Ogasawara un destino muy gratificante.

La fauna es sin duda lo más destacado de las islas. Los viajeros pueden adentrarse en los bosques subtropicales para ver zorros voladores, meguros (un ave cantora endémica) y palomas japonesas. O contratar a un guía para presenciar por la noche el hechizante resplandor de los hongos bioluminiscentes *Mycena chlorophos*. También se puede explorar la rica vida marina que rodea los arrecifes de coral del archipiélago o subir a bordo de un barco para avistar, casi con toda seguridad, juguetones delfines mulares y giradores y majestuosas ballenas jorobadas. Ogasawara es también la mayor zona de cría de tortugas marinas verdes de Japón: llegan a la costa para desovar de marzo a septiembre bajo la luz de las estrellas, un espectáculo por el que merece la pena trasnochar.

HAZLO REALIDAD

Las islas Ogasawara están al sur de la bahía de Tokio. La más grande es Chichijima y la segunda, Hahajima.

Para proteger la biodiversidad de las islas está prohibido salirse de los senderos y acampar.

Solo se puede ir en barco. El ferri Ogasawara Maru sale de Tokio cada tres a seis días.

Ballena jorobada saliendo a la superficie en las islas Ogasawara

Descenso del río Kitayama en balsas de troncos

51

Desciende por los rápidos del río Kitayama

Sujétate fuerte para descender este pintoresco río en una balsa de troncos

HAZLO REALIDAD

El río Kitayama está en el Parque Nacional de Yoshino-Kumano, en el este de la prefectura de Wakayama.

El *ikada-kudari* solo se hace de mayo a septiembre; reserva tu plaza en *kumano-travel.com*.

Toma el autobús matutino desde Kumano hasta Okutoro-Koen y otro autobús hasta el río.

Las montañas de la península de Kii, tierra de aguas termales envueltas en vapor y picos densamente arbolados, albergan vestigios de la antigua cultura japonesa. Aquí puedes peregrinar por los senderos sagrados de Kumano Kodo *(p. 170)* o refugiarte en uno de los templos de Koyasan. Pero si buscas más adrenalina, dirígete a las agitadas aguas del río Kitayama, donde podrás probar el antiguo arte del *ikada-kudari* (descenso en balsa de troncos).

Los *ikadashi* (timoneles) llevan siglos surcando los rápidos de este estrecho río escarpado. Antes de que se abrieran carreteras en las montañas, el río era la única vía para transportar troncos de ciprés y cedro a la costa. Las balsas, de 30 metros, eran lo bastante flexibles para serpentear por los meandros y los rápidos. Hoy su función es menos práctica: para mantener vivas las antiguas técnicas de navegación, los *ikadashi* transportan ahora turistas por el caudaloso río. Se trata de un intenso viaje de una hora en el que los timoneles sortean los rápidos y las aguas bravas. También hay tramos más tranquilos que permiten contemplar los bellos paisajes de la península de Kii. Y es totalmente seguro: los viajeros cuentan con chalecos salvavidas y robustas barandillas para agarrarse. Aun así, para muchos es la experiencia más emocionante que se puede vivir en Japón.

Combínalo con KIOTO

Sumérgete en otro de los escenarios naturales de Kioto (p. 247) atravesando el túnel de Arces, donde las hojas rojas otoñales rodean el ferrocarril Eizan en su recorrido hacia el norte.

Los imponentes tallos del bosque de bambú de Sagano

Pasea por los bosques de bambú de Kioto

Deja que los bambús de ensueño de la antigua capital se eleven y se balanceen sobre ti

En 1996, el Ministerio de Medio Ambiente nipón elaboró una lista de los 100 paisajes sonoros de Japón. Cada sonido debía reflejar las características naturales y culturales de un lugar, desde las campanas de los templos hasta el perezoso zumbido de las cigarras en verano. Los sonidos característicos de Kioto son el silbido de la brisa y el golpeteo de los bambús.

El bosque de bambú más famoso de Kioto es sin duda el de Sagano, en la histórica Arashiyama. Es un lugar hermoso, con los tallos de bambú verdes y brillantes y las cercas de hierba seca cuidadosamente elegida para integrarse en el entorno. Hermoso, sí, pero también popular: está muy concurrido a todas horas.

Hay un bosque de bambú más tranquilo al lado de otro lugar de interés de Kioto: el Fushimi Inari Taisha *(p. 37)*. Acércate a la entrada principal del santuario, donde el famoso camino de *torii* empieza a ascender por la montaña, y, en lugar de entrar, gira a la derecha. Un tranquilo sendero te conducirá a un bosquecillo de bambú que suele estar desierto y es más silvestre pero no menos espectacular que el de Arashiyama. Mientras respiras el aire fresco del bosque y escuchas esa brisa silbante te sentirás a kilómetros de las multitudes, aunque no sea así.

HAZLO REALIDAD

El bosque de Sagano está en el distrito de Arashiyama, en las estribaciones del oeste de Kioto. El Fushimi Inari Taisha está en el sureste de la ciudad.

El bosque de Sagano está abierto las 24 horas; al amanecer hay menos gente. El Fushimi Inari Taisha también está abierto todo el día.

La estación de Saga-Arashiyama (línea JR Sagano) es la más cercana al bosque de Sagano; la de Fushimi-Inari (línea Keihan) está cerca del Fushimi Inari Taisha.

De isla en isla por el sur

DURACIÓN 14 días **INICIO** Nagasaki; vuela desde Tokio u Osaka, o toma un tren desde Fukuoka
DESPLAZAMIENTOS Este viaje se realiza en avión y barco **FIN** Yonaguni; vuela de Yonaguni a Naha, y desde aquí hay vuelos a Honshu y Kyushu

Las islas del sur de Japón albergan paisajes realmente espectaculares, desde selvas tropicales y manglares hasta playas con una singular arena en forma de estrella. Además, es el lugar ideal para observar tortugas marinas anidando, mantarrayas nadando entre los arrecifes de coral y otros muchos animales.

Este itinerario te llevará desde Kyushu hasta el archipiélago subtropical de Okinawa y te dará la oportunidad de conocer el clima y los bellos paisajes de cada zona. Mientras exploras las islas y participas en un sinfín de actividades al aire libre, dedica tiempo a conocer también su fascinante pasado, desde los poderosos samuráis de Kagoshima, que lideraron una rebelión contra el gobierno Meiji en la década de 1870, hasta la historia del Reino de Ryukyu.

7. ISHIGAKI
Toma un vuelo de una hora de Naha a Ishigaki *(p. 123)* para pasear a la sombra de las palmeras, explorar los manglares en kayak y bucear en playas idílicas.

8. TAKETOMI
A solo 15 minutos en ferri de Ishigaki está la pequeña Taketomi. Pasa un día en bicicleta por su pueblo de casas con tejados rojos y por sus playas de arena blanca antes de volver a Ishigaki para tomar un ferri a Iriomote.

9. IRIOMOTE
Vale la pena pasar dos noches en la salvaje isla de Iriomote para intentar avistar al raro gato de Iriomote. Si no hay suerte, disfruta del piragüismo fluvial y del senderismo por bosques y manglares.

10. YONAGUNI
Viaja a la isla más occidental de Japón *(p. 123)* en avión desde Ishigaki. Los buceadores experimentados pueden ver tiburones martillo y fascinantes formaciones rocosas, mientras que los senderistas recorren los caminos junto a los endémicos caballos de Yonaguni.

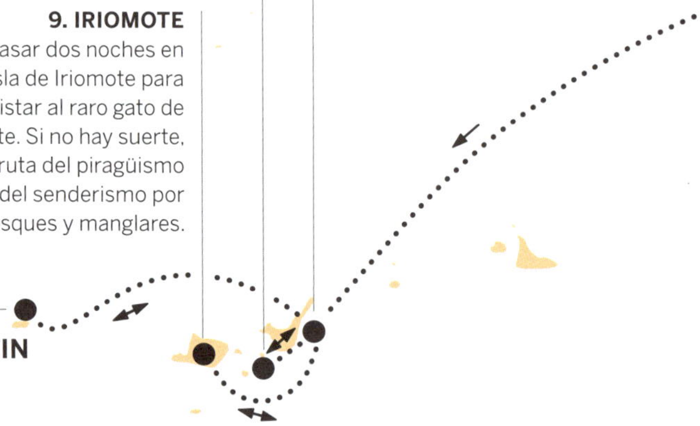

INICIO

1. NAGASAKI
Dedica el primer día en esta ciudad portuaria a conocer la historia del sur en el antiguo enclave holandés de Dejima y en el parque de la Paz. Después dirígete a las islas Goto, a poco más de una hora en ferri.

2. ISLAS GOTO
Estas pintorescas islas son conocidas por sus iglesias, vinculadas a los cristianos ocultos *(p. 61)*. Disfruta conociendo esta intrigante parte de la historia de Japón o explorando las islas en kayak. Hay que regresar a Nagasaki para proseguir el viaje.

3. KAGOSHIMA
Este es el principal centro de transportes del sur, desde donde salen los barcos a Yakushima y Sakurajima, por lo que se pasa varias veces por aquí en este itinerario. Por suerte, hay mucho que hacer: admirar el humeante volcán Sakurajima desde el paseo marítimo, gozar de las vistas desde el parque Shiroyama y bañarse en aguas termales.

4. SAKURAJIMA
Una excursión de un día desde Kagoshima permite contemplar Sakurajima *(p. 121)*, uno de los volcanes más activos de Japón. Toma uno de los frecuentes ferris que cruzan la bahía (el trayecto dura 15 minutos) y pasa la tarde haciendo senderismo y bañándote en aguas termales.

5. YAKUSHIMA
Toma un barco rápido desde Kagoshima (2-3 horas) para ver árboles centenarios en esta isla cubierta de selva tropical *(p. 116)*. Explora sus manglares y observa en silencio cómo las tortugas marinas anidan en sus playas antes de regresar a Kagoshima.

6. OKINAWA HONTO
De Kagoshima a Naha, la capital de Okinawa Honto, hay una hora y media de vuelo. Tomando Naha *(p. 66)* como base, pasa un par de días explorando la isla: recorre senderos costeros y forestales, descubre cascadas y visita los restos de los castillos y las residencias reales de Ryukyu.

JAPÓN

FUTURISTA

Japón es un país de tradiciones, pero también está forjando el futuro a través de la tecnología. Por cada templo hay un rascacielos; por cada ceremonia del té, una nueva obsesión virtual. Prepárate para conocer un mundo nuevo.

EN EL MAPA

JAPÓN FUTURISTA

53 Disfruta del Tokio más lujoso en Azabudai Hills

54 Mejora tu descanso en el laboratorio del sueño de Akasaka

55 Maravíllate con la arquitectura moderna de Yusuhara

56 Asómbrate con las luces de la bahía de Yokohama

57 Descubre la tecnología en el lugar más inesperado

58 Estimula tu creatividad en teamLab Forest

59 Descubre las raras y fabulosas máquinas expendedoras japonesas

60 Vislumbra el fascinante futuro de los viajes en tren

61 Diviértete en el parque de atracciones digital de la Torre de Tokio

62 Valora el pasado y el futuro industrial de Japón en Nagoya

63 Conoce a los simpáticos y amables robots de Tokio

64 Explora la isla de los rascacielos de Osaka

HOKKAIDO
Sapporo
Aomori
Akita
Niigata
Sendai
Océano Pacífico
HONSHU
TOKIO
60
59
56
53 54 57 61 63
Yokohama
N
0 km 100

Disfruta del Tokio más lujoso en Azabudai Hills

Este complejo, situado junto a la emblemática Torre de Tokio, combina el estilo futurista y la innovación arquitectónica

Tokio ha cambiado radicalmente a lo largo de los siglos. De pueblo de pescadores se convirtió en capital al ganarle terreno al mar en el siglo XVI y tuvo que ser reconstruida en gran medida tras el gran terremoto de Kanto de 1923 y la Segunda Guerra Mundial. Al llegar el nuevo milenio ya era una metrópolis moderna con elegantes rascacielos y su expansión urbana llegaba hasta donde alcanzaba la vista. Azabudai Hills, una urbanización de ocho hectáreas en el centro de Tokio, supone un nuevo enfoque en su crecimiento: sostenible, verde y a escala humana. El complejo se terminó en 2023, han participado algunos de los estudios de arquitectura más pioneros del mundo y es un brillante ejemplo de los avanzados valores arquitectónicos de Tokio.

Azabudai Hills está repleto de tiendas exclusivas y lugares de interés. Los más derrochadores pueden pasarse por *boutiques* como Dior, Cartier o Bottega Veneta en el Garden Plaza. Los *gourmets* pueden disfrutar de aperitivos y alimentos de primera calidad en el Azabudai Hills Market, una versión abierta y espaciosa de las *depachika* de los grandes almacenes. En cuanto a la oferta cultural, los pioneros del arte digital de teamLab *(p. 151)* trasladaron aquí su museo Borderless en 2023 y la Azabudai Hills Gallery acoge exposiciones e instalaciones de celebridades como Yoshitomo Nara y Olafur Eliasson.

Dejando a un lado museos y galerías, es un placer visitar Azabudai Hills simplemente por el espacio en sí. La introducción de elementos naturales fue uno de los principales objetivos de la empresa de diseño británica Heatherwick Studio, que dedicó a las plantas un tercio del espacio a pie de calle. La vegetación también está presente en el Garden Plaza, una estructura fascinante que parece una criatura fantástica surgida de la tierra. Al oeste está la torre Mori, que con 330 metros se ha convertido en el edificio más alto de Japón. Como la torre es más estrecha en la base, deja más espacio para zonas verdes a nivel del suelo.

Al iniciarse el proyecto de Azabudai Hills, hace más de 30 años, se preguntó a los residentes, propietarios y empresarios del lugar qué querían hacer con el espacio: el 90 % de ellos regresó cuando se terminó. Quizás el éxito se deba a que se ha prestado especial atención al uso que la gente quiere hacer del entorno urbano. Azabudai Hills es elegante, moderno y ambicioso, pero también orgánico y humano, algo nada desdeñable en una ciudad tan grande.

—HAZLO REALIDAD—

Azabudai Hills está situado en el céntrico distrito de Minato, en Tokio, con Roppongi al oeste y la Torre de Tokio al sureste. En la urbanización, a pie de calle, hay varias tiendas y restaurantes, una plaza donde se celebran frecuentes eventos y una escuela infantil multilingüe.

El complejo se puede visitar a cualquier hora, pero cada lugar tiene su horario de apertura, por lo que conviene informarse antes. Se recomienda reservar para visitar teamLab Borderless *(teamlab.art/e/tokyo)*.

El Garden Plaza está conectado con la estación de Kamiyacho de la línea de metro Hibiya. La estación de Roppongi-Itchome, de la línea de metro Namboku, está a un corto paseo desde el extremo oeste de la urbanización.

Vista hacia el este desde Azabudai Hills, sobre el Garden Plaza

Combínalo con TOKYO SKYTREE

Para contemplar otra fusión brillantemente lograda de ingeniería y diseño tradicionales y modernos dirígete a la emblemática Tokyo Skytree (p. 42).

Mejora tu descanso en el laboratorio del sueño de Akasaka

La tecnología punta de los hoteles cápsula te ayuda a perfeccionar tu rutina de sueño

Pasar la noche en un hotel cápsula, donde se duerme en una acogedora cápsula unipersonal en lugar de en una habitación normal, es una de esas experiencias que hay que probar. Te permitirá conocer varias facetas de la sociedad japonesa, desde las innovaciones para ahorrar espacio en ciudades densamente pobladas hasta la cultura de la cortesía y la consideración cuando se está entre extraños.

Los hoteles cápsula se crearon como solución práctica y cómoda al problema habitual de perder el último tren por quedarse hasta tarde en la oficina (o en el karaoke). Aunque la imagen de las cápsulas apiladas con luz tenue parece de la era espacial, los hoteles cápsula no han cambiado mucho desde su invención en 1979.

La empresa hotelera 9h nine hours está cambiando esta situación. En su laboratorio del sueño de Akasaka, en Tokio, ha incorporado nueva tecnología para hacer a sus huéspedes un *sleep fitscan* que evalúa la respiración, los movimientos nocturnos y otros parámetros para crear un informe del sueño exhaustivo y personalizado. La decoración es minimalista pero cálida —suelos de hormigón, paredes negras brillantes— y las taquillas y duchas están alejadas de las zonas de descanso. Reserva una estancia: nunca habrás dormido igual.

—HAZLO REALIDAD—

El 9h nine hours está en el barrio de Akasaka, en Tokio.

Reserva tu cápsula por internet (*ninehours.co.jp/en*). Las masculinas están separadas de las femeninas.

El 9h nine hours de Akasaka está a cinco minutos a pie de Akasaka (línea Chiyoda) y Akasaka-Mitsuke (líneas Ginza y Marunouchi).

Combínalo con AWAZU ONSEN

Para un sueño reparador viaja a Awazu Onsen (p. 74) y goza de los firmes futones y los mullidos edredones en el Hoshi Ryokan de 1300 años de antigüedad.

Descansando en un hotel cápsula 9 h nine hours

La Galería Kumo-no-Ue-no, en Yusuhara

55

Maravíllate con la arquitectura moderna de Yusuhara

Esta ciudad del futuro es un hallazgo inesperado en la remota Shikoku

—HAZLO REALIDAD—

Yusuhara está en el interior de la prefectura de Kochi, en el oeste de Shikoku.

El centro de bienestar de Kuma no está abierto al público, pero se puede contemplar desde el exterior.

La mejor forma de ir a Yusuhara es en coche o en autobús desde la estación JR de Susaki.

En las montañas del interior de Shikoku se encuentra Yusuhara, cuyos bosques circundantes están envueltos en un velo de nubes. Es un entorno etéreo, en el que se podría esperar descubrir un mundo oculto e indiferente al paso del tiempo. Sin embargo, te sorprenderá descubrir que esta ciudad sobre las nubes mira desafiante al futuro.

En Yusuhara, el famoso arquitecto Kengo Kuma ha anticipado los diseños del mañana a la vez que celebraba el patrimonio único de la zona. Sus diseños han convertido esta bucólica localidad en una maravilla arquitectónica que sigue atrayendo la atención mundial. Kuma ha creado edificios públicos que emocionan con sus diseños elegantes y táctiles: una mezcla de mercado y hotel, una galería, una biblioteca y un centro de bienestar. Estos edificios prácticos y bellos incorporan con cariño materiales locales como la fragante madera de cedro, así como técnicas de carpintería y techado que han resistido el paso del tiempo. Combinándolas con comodidades modernas, métodos arquitectónicos y tecnologías sostenibles como la energía solar, Kuma y los habitantes de Yusuhara han creado un encantador escaparate con la idea de que, para encontrar el camino a un futuro brillante, se necesita abrazar la sabiduría del pasado.

Asómbrate con las luces de la bahía de Yokohama

Iluminados por la noche, los rascacielos de Minato Mirai 21 ofrecen una imagen deslumbrante

Cuando se habla de los perfiles urbanos más famosos de Japón, el de Tokio suele ser el primero, aunque por poco. Pisándole los talones está Yokohama. Situada en la bahía de Tokio, a solo una hora de la capital, esta bulliciosa ciudad portuaria ha estado durante mucho tiempo a su sombra —la Tokyo Skytree se divisa en la distancia—, pero se las arregla para mantener el tipo. Su puerto fue uno de los cinco abiertos al comercio exterior en 1858, tras más de 200 años de aislacionismo, y desde entonces es una de las ciudades más diversas de Japón (alberga el mayor barrio chino del país).

Yokohama también es grande, brillante y colorida, y en ningún sitio se aprecia mejor que en Minato Mirai 21, donde rascacielos como la Landmark Tower se alzan abruptamente junto al agua. Este elegante barrio de cristal y acero a la luz del día cobra vida por la noche. Se encienden las luces tenues del histórico almacén de ladrillo rojo; las curvas del hotel InterContinental, con forma de vela, se iluminan en tonos cálidos; la noria Cosmo Clock 21, en su día la más alta del mundo, adopta todos los colores del arco iris. ¿La mejor forma de verlo? En un crucero nocturno por la bahía, con las luces reflejándose en el agua. Ten la cámara a mano.

HAZLO REALIDAD

Minato Mirai 21 está en la bahía de Yokohama. La ciudad está al sur de Tokio, a menos de 30 minutos en tren, y es la capital de la prefectura de Kanagawa.

Los barcos de Sea Bass *(yokohama-cruising.jp)* dan paseos nocturnos; hay visitas guiadas especiales los viernes, sábados y domingos por la noche.

Se puede ir a Minato Mirai 21 en metro (estación de Minato Mirai), en el autobús Akaikutsu y en el teleférico Yokohama Air Cabin desde la estación de Sakuragicho.

Imagen nocturna del barrio de Minato Mirai 21, en Yokohama

«Los aseos de Tokio también han tenido sus minutos de gloria en la gran pantalla».

Arriba Aseo con paredes transparentes del arquitecto Shigeru Ban
Izquierda Aseo del parque Jingu-dori, de Tadao Ando
Derecha Aseo revestido de cedro de Kengo Kuma

57

Descubre la tecnología en el lugar más inesperado

En uno de los barrios más concurridos de Tokio, los aseos públicos son obras de arte

Por improbable que parezca, el humilde inodoro se ha convertido en uno de los emblemas del Japón moderno. TOTO es uno de los pocos fabricantes con una marca reconocida: sus inodoros Washlet —con bidé incorporado y mucho más— son omnipresentes en Japón. Puede que no sean la razón por la que se visita el país, pero no se puede negar que hay un cierto regocijo cuando se entra en un cuarto de baño y el asiento se levanta automáticamente e incluso se ilumina. Para quienes estén acostumbrados a los inodoros estándar sin tecnología, la variedad de botones puede resultar intrigante e intimidante a partes iguales. Pero una vez que hayas jugado con las numerosas funciones, no querrás volver al estándar.

Por supuesto, no todos los inodoros del país son de alta tecnología: sigue siendo necesario ponerse en cuclillas en muchos aseos de grandes almacenes y viviendas rurales. Pero Japón ha sabido aprovechar esta notoriedad con proyectos brillantes como The Tokyo Toilet, un conjunto de aseos que varían en tamaño desde pequeñas cabinas hasta grandes bloques y están situados en espacios públicos para hacerlos más accesibles. Se inauguraron con vistas a los Juegos Olímpicos de 2020 y no se diseñaron solo para ofrecer un servicio práctico, sino que cada uno de ellos es la creación de un renombrado arquitecto o artista y añade una estructura bella e inusual al espacio público. Entre ellos destacan la acogedora mezcla de madera de Kengo Kuma en el frondoso parque Nabeshima Shoto, el disco blanco cóncavo de Sou Fujimoto en Nishisando y el alegre aseo diseñado por NIGO® con el aspecto de una nostálgica casa rodeada por una valla blanca.

Los aseos de Tokio también han tenido sus minutos de gloria en la gran pantalla. En 2023, el cineasta Wim Wenders estrenó *Días perfectos,* filme que narra el día a día de Hirayama, un limpiador de The Tokyo Toilet que se enorgullece de hacer bien su trabajo y vive con sencillez. Puede que no sea el trabajo más romántico, pero Hirayama encuentra consuelo en sus rutinas. Sus fans pueden recrear escenas de esta reflexiva película, como reírse cuando las paredes de cristal de colores del aseo del pequeño parque Yoyogi Fukamachi, diseñado por Shigeru Ban, se vuelven opacas, o tomarse un momento para contemplar las hojas bailando a través de las rejillas del aseo de Tadao Ando en el parque Jingu-dori. Como bien sabe Hirayama, la alegría se encuentra incluso en los momentos más sencillos de la vida.

—HAZLO REALIDAD—

Los 17 aseos están repartidos por el distrito central de Shibuya, en los barrios de Ebisu, Yoyogi y Hatagaya. Hay un autobús que lleva a los visitantes a cada uno de los aseos. Más información en el sitio web de The Tokyo Toilet *(tokyotoilet.jp/en).*

Todos los aseos son accesibles en silla de ruedas y varios cuentan con instalaciones para personas ostomizadas. Puedes consultar los detalles de las instalaciones y conocer los diseños y a sus autores en el sitio web de The Tokyo Toilet.

Como se hallan en una zona bien comunicada (Shibuya), todos los aseos están a poca distancia a pie de estaciones de metro y líneas de autobús. La mayoría están cerca de las estaciones de Hatayama, Ebisu, Yoyogi-koen y Yoyogi-Hachiman, y a poca distancia entre sí.

Graffiti Nature in a Beating Valley - Symbiotic Lives, A Whole Year per Year, Red List. © teamLab

Combínalo con LAS ISLAS DEL ARTE

Continúa tu aventura de expansión mental visitando las islas del mar interior de Seto (p. 200), que albergan esculturas, instalaciones y otras obras de arte.

Estimula tu creatividad en teamLab Forest

Sumérgete en un mundo digital de plantas y animales fantásticos

A veces hay que descansar del estrés de la vida moderna y volver a percibir la realidad como un niño, aunque no siempre es fácil. Por suerte, el colectivo artístico internacional teamLab monta grandes instalaciones artísticas con tecnología digital pionera, diseñadas por un equipo interdisciplinar de artistas, programadores, ingenieros, matemáticos y arquitectos. Se trata de experiencias digitales inmersivas que hacen sentir una espontánea sensación de asombro infantil.

Sus mundos están repartidos por todo Japón, desde teamLab Borderless, en el Museo de Arte Digital, en el edificio Mori de Tokio, hasta teamLab Botanical Garden, al aire libre, en Osaka. En Fukuoka, la ciudad más grande de Kyushu, está teamLab Forest, donde se anima a los visitantes a explorar un enorme patio de recreo natural. Cada detalle de este nuevo y hermoso mundo se representa mediante innovadores procesos digitales: pantallas, proyecciones, aplicaciones para teléfonos e instalaciones de audio.

La primera sección de teamLab Forest es el Bosque de Captura y Recolección, que aprovecha el deseo innato de saber más sobre el entorno físico. Al entrar rodea un paisaje colorido y cambiante, proyectado en las paredes y el suelo. Puede que te encuentres caminando por aguas de un azul resplandeciente, con carpas koi trazando perezosos círculos alrededor de tus pies, o moviendo la mano entre pétalos de flores de cerezo. Las criaturas del bosque reaccionan de forma diferente: algunas se giran para mirarte y otras se alejan cuando te acercas. Puedes colaborar con otras personas para dirigirlas hacia donde quieras y utilizar una aplicación de realidad aumentada para teléfono móvil para capturar, conocer y liberar a los animales.

La segunda sección, el Bosque Deportivo, es más física. Sus múltiples espacios están diseñados para que te relaciones con el mundo de formas nuevas e imaginativas, ya sea saltando entre piedras que se mueven sutilmente y cambian de color cuando las pisas o abriéndote paso por una sala llena de esferas luminosas que zumban y cambian de color cuando pasas entre ellas. Cada zona contiene algo nuevo y todo el mundo, sea cual sea su edad, encontrará algo que le hará caminar con paso alegre y un brillo lúdico en los ojos. Los innovadores diseñadores de teamLab brindan la oportunidad de olvidar las interminables listas de tareas pendientes y desconectar un rato.

—HAZLO REALIDAD—

teamLab Forest está en la bahía de Momochi, en Fukuoka, en la costa noroeste de Kyushu.

A veces hay entradas en la puerta para ciertas horas, pero es mejor reservar *(teamlab.art/e/forest)*, sobre todo los fines de semana y festivos. El museo es activo e interactivo, por lo que no se pueden llevar tacones altos, sandalias ni zuecos. Parte del espacio, no todo, es accesible en silla de ruedas.

La estación de metro de Tojinmachi está a unos 15 minutos a pie de teamLab Forest y enlaza con la estación de Hakata (el principal nudo de transportes de la ciudad). Desde Hakata, la línea Kyushu de *shinkansen* se dirige al sur, a Kagoshima, y la San'yo al norte, a Osaka, con servicios directos a Tokio. También hay autobuses de Hakata a Momochi.

Máquinas expendedoras retro en Sagamihara

59

Descubre las raras y fabulosas máquinas expendedoras japonesas

Una colección de máquinas expendedoras restauradas inspira nostalgia y curiosidad

—HAZLO REALIDAD—

Rat Sunrise está en Sagamihara, una ciudad de la prefectura de Kanagawa.

Aunque la tienda cierra sobre las 18.00, las máquinas están disponibles las 24 horas del día.

Lo más fácil es ir en coche, pero también se puede tomar la línea JR Sagami hasta Harataima.

Las máquinas expendedoras se encuentran en ese territorio entre la conveniencia y la extravagancia tan típico de Japón. Las hay en casi todas partes, hasta en el monte Fuji, y dispensan todo tipo de artículos. La mayoría sirven bebidas (frías y calientes), pero hay mucho más disponible: máquinas que venden productos frescos de granjas y huertos; otras que dispensan juguetes al azar *gacha* en galerías comerciales; y en los parques y vecindarios despachan desde aperitivos hechos con insectos hasta pan enlatado.

Para conseguir algo más atractivo que café en lata y Pocari Sweat (una popular bebida isotónica), ve a Sagamihara y busca la tienda de neumáticos usados Rat Sunrise —el nombre es un tanto desconcertante—, donde hay más de 100 máquinas expendedoras retro restauradas, la mayoría del período Showa (1926-1989). Muchos japoneses visitan el lugar para revivir entrañables recuerdos de comidas instantáneas, dulces y tentempiés de su infancia. Pero incluso si no se tiene ningún apego por el Bon Curry o los fideos *udon* instantáneos, hay algo encantador en la atención al detalle que se ha puesto en la restauración de estas viejas máquinas. Además, los refrescos con gas saben mejor en botella de cristal, ¿no?

Vislumbra el fascinante futuro de los viajes en tren

Los trenes de levitación magnética baten récords a la sombra del monte Fuji

Los vehículos levitantes parecen sacados de un cómic retrofuturista de los años cincuenta, pero en Japón son una realidad. Aunque solo se elevan unos 10 centímetros del suelo, pueden revolucionar el transporte mundial. El desarrollo de los trenes de levitación magnética *(maglev)* empezó en la década de 1960; entre 1984 y 1995 se tendió la primera línea entre el aeropuerto y la estación de Birmingham (Reino Unido). La tecnología ya se ha utilizado en varios países, pero Japón puede presumir de proyectar la primera ruta comercial de larga distancia con la línea Chuo entre Tokio y Nagoya (después seguirá hasta Osaka), cuya inauguración está prevista para la década de 2030. La duración del trayecto se reducirá de 90 minutos a solo 40.

Mientras tanto puedes ver prototipos de trenes, conocer la tecnología de levitación magnética con superconductores e incluso montar en un minitrén *maglev* en el Centro de Exposiciones de Maglev de la Prefectura de Yamanashi, en los Cinco Lagos del Fuji. Incluso puedes asistir a una de las pruebas de velocidad que se hacen aquí desde 1997, como la de 2015 de un tren SCMaglev de la serie L0, que batió el récord mundial de velocidad al alcanzar los 603 kilómetros por hora. En Japón, el futuro del ferrocarril está al alcance de la mano.

HAZLO REALIDAD

El Centro de Exposiciones de Maglev de la Prefectura de Yamanashi está en Tsuru, al noreste del monte Fuji.

El centro cierra los lunes. Consulta las fechas de las pruebas de velocidad en la web *(linear-museum.pref.yamanashi.jp)*.

Hay autobuses al centro desde la estación de Otsuki.

Prototipo en el Centro de Exposiciones de Maglev

61

Diviértete en el parque de atracciones digital de la Torre de Tokio

Los videojuegos japoneses de última generación son un buen entretenimiento familiar

Con sus distintivas franjas rojas y blancas y su silueta, que se asemeja a la Torre Eiffel, la Torre de Tokio es un símbolo muy querido de la ciudad desde su construcción en 1958. Sus dos plataformas de observación, a 150 y 250 metros, son sus principales atractivos: las vistas de 360 grados incluyen la elegante aguja de la Tokyo Skytree y, en los días claros, el monte Fuji en el horizonte.

Pero también vale la pena visitar los niveles inferiores de la torre. En ellos se encuentra RED° Tokyo Tower, el mayor parque de atracciones digital de Japón, donde podrás sumergirte en los videojuegos más avanzados del país. La variedad es impresionante: clásicos de los salones recreativos, juegos de supervivencia y carreras en realidad virtual, balón prisionero y escalada en realidad aumentada, simuladores de carreras hiperrealistas, un juego endiabladamente difícil de *daruma ga koronda* (luz roja, luz verde) con cuerdas dispuestas como láseres al estilo de *Misión Imposible* y mucho más. La emoción y la adrenalina añaden sin duda un nuevo brillo a este símbolo retro de Tokio. Te costará salir de sus confines.

HAZLO REALIDAD

La Torre de Tokio está en el barrio de Minato, junto al parque Shiba y Azabudai Hills. A pesar de la cantidad de edificios altos que hay cerca, se puede ver desde los barrios circundantes.

RED° Tokyo Tower abre todos los días; consulta los horarios en *tokyotower.red-brand.jp.* Las entradas cubren períodos de tiempo concretos; las de los miradores se venden aparte.

Es fácil llegar a la torre en transporte público. Las estaciones de metro más cercanas son Akebanebashi (línea Oedo), Kamiyacho (línea Hibiya) y Onarimon (línea Mita).

Jugando a las carreras de coches en RED° Tokyo Tower

Otras experiencias inmersivas

1

Miraikan

Rodéate de descubrimientos y tecnología de vanguardia en el Miraikan (Museo Nacional de Ciencias Emergentes e Innovación) de Tokio. La resolución de 10 millones de píxeles del Dome Theater logra imágenes increíblemente reales.

2

teamLab

Cuando se trata de arte digital, teamLab está a la cabeza. Puedes explorar sus mundos digitales en Fukuoka (p. 151), Osaka y Saitama, pero las instalaciones de Tokio son las más conocidas. No te pierdas el arte inspirado en la naturaleza de teamLab Borderless, en Azabudai Hills (p. 142).

3

Universal Studios Japan

Además de las atracciones habituales, Universal Studios Japan tiene algunas mejoradas con realidad virtual. La tecnología es un divertido añadido que te permite habitar tus mundos de ficción favoritos.

La Torre de Tokio ilumina la ciudad por la noche

«Nagoya ha impulsado la economía de Japón desde finales del siglo XIX».

Toyopet Crown, en el Museo Conmemorativo de Industria y Tecnología de Toyota

Valora el pasado y el futuro industrial de Japón en Nagoya

Con su cultura de la *monozukuri* (fabricación), esta animada ciudad abraza la invención y la innovación

Nagoya ha impulsado la economía de Japón desde finales del siglo XIX. En el período Meiji (1868-1912), la ciudad se convirtió en un importante centro de producción de cerámica y tejidos, y desarrolló la cultura de la fabricación *(monozukuri)*. En la década de 1910 se fundó en la zona el Grupo Toyota, primero como empresa textil y más tarde como compañía automovilística. Tras la destrucción de la mayor parte de Nagoya en la Segunda Guerra Mundial, la ciudad se reconstruyó y contribuyó con su experiencia industrial y manufacturera al milagro económico japonés de la posguerra. Toyota se convirtió en una de las principales compañías del país y el llamado Toyota Way, sustentado en principios como la mejora continua *(kaizen)*, acaparó el interés mundial.

Las oficinas de Toyota Nagoya están en el centro de la ciudad, en el rascacielos Midland Square, frente a la estación. Es el edificio más alto de Nagoya y cuenta con un excelente mirador, el Sky Panorama, en las plantas 44 a 46. Al norte de la estación hay una atractiva zona verde, el Noritake no Mori, que ofrece una pintoresca introducción a la cultura de la *monozukuri*. Además de un bonito jardín, alberga unos históricos almacenes de ladrillo rojo donde podrás comprar porcelana Noritake, descubrir su proceso de producción y participar en un taller de cerámica dirigido por expertos.

Para saber más sobre Toyota ve al Museo Conmemorativo de Industria y Tecnología de Toyota, ubicado en una de las antiguas fábricas de ladrillo rojo de la empresa. La exposición muestra desde las largas hileras de ruidosos telares de 1890 hasta los brazos robóticos que utiliza el fabricante de automóviles en la actualidad. Si tienes tiempo visita el Museo Toyota Kaikan, que muestra las nuevas tecnologías de la compañía.

Aún hay más tecnología en el Parque del Ferrocarril y en el SCMaglev, en la zona portuaria, un lugar ideal para ver trenes reales, desde locomotoras de vapor hasta *shinkansen*, y conocer las innovaciones ferroviarias niponas. El simulador deja boquiabiertos a los niños y a cualquier adulto que haya soñado alguna vez con ser maquinista. Si te gusta la ciencia interactiva acércate al Museo de la Ciencia de Nagoya, un enorme espacio con exposiciones prácticas, una fascinante demostración de la bobina de Tesla y uno de los planetarios más grandes del mundo. A través de estas instituciones, Nagoya celebra su historia de innovación y, con ello, pretende inspirar a los inventores del mañana.

HAZLO REALIDAD

Nagoya es la capital de Aichi, prefectura situada en la costa sur de Honshu, entre Tokio y Kioto. El Museo Toyota Kaikan está adosado a una fábrica en activo al sureste de Nagoya, en Toyota City.

Todos los museos y el Noritake no Mori cierran los lunes, excepto el Toyota Kaikan (domingos) y el Parque del Ferrocarril y el SCMaglev (martes). Las tiendas y cafeterías del Midland Square y el Noritake no Mori tienen horarios diferentes. Más información sobre entradas, horarios y eventos en internet.

Nagoya está cerca del aeropuerto Chubu Centrair y en la línea Tokaido de *shinkansen*, entre Tokio y Osaka. Todos los lugares de interés mencionados se pueden visitar a pie o en transporte público desde la estación de Nagoya.

Conoce a los simpáticos y amables robots de Tokio

Los robots aparecen en lugares insospechados, desde registros en hoteles hasta peleas al estilo anime

Japón es famoso tanto por su gloriosa historia y sus tradiciones como por su enfoque pionero del futuro. Por un lado están las elegantes *geishas*, los imponentes castillos y la suntuosa cocina *kaiseki;* por otro, los rascacielos, los trenes bala y —quizás lo más futurista de todo— los robots. Es probable que te encuentres con alguno en tu viaje, ya sea facilitando información en un aeropuerto o una estación, o repartiendo bebidas en una cafetería con cara de gato y guiñando un ojo.

Los robots humanoides Pepper son ya una imagen bastante común en Tokio. Su diseño blanco minimalista y sus plácidos rasgos los hacen ideales para todo lo relacionado con la hostelería. Naturalmente, encontrarás muchos Pepper en la cafetería Pepper Parlor: los simpáticos robots se mueven entre las mesas para tomar pedidos, jugar con los clientes y, de vez en cuando, bailar para ellos. Si te gusta la experiencia puedes reservar una noche en uno de los establecimientos de Henn na Hotel, cuyas recepciones están atendidas por robots humanoides, animales y dinosaurios, y muchas habitaciones tienen teléfonos inteligentes robóticos.

Llevando el servicio robótico aún más lejos, DAWN Avatar Robot Café utiliza robots OriHime —tanto modelos de sobremesa como otros más grandes que ofrecen servicio de mesa— controlados por personas con movilidad física limitada. Esto no solo les proporciona un empleo estable y flexible, sino que también les ayuda a forjar relaciones con los clientes. Puedes probar a manejar uno de los modelos más pequeños.

Sin embargo, los innovadores robots de Tokio no solo valen para servir a clientes hambrientos o registrarlos en un hotel. Visita RED° Tokyo Tower *(p. 154)* y enfréntate a otra persona en un épico uno contra uno mientras controlas un traje robótico de 15 kilos. Es una oportunidad única de hacer realidad tus fantasías anime más salvajes.

A pesar de su reputación de paraíso de la cultura pop y de su apodo de Ciudad Eléctrica, hay pocos robots en Akihabara. Sin embargo, ofrece fácil acceso al Science Square TSUKUBA, un museo que explora el impacto de la tecnología y la ciencia en la vida cotidiana. Las fascinantes exposiciones, que muestran los usos de los robots en la salud, los laboratorios y la hostelería, ofrecen una visión vital de cómo la robótica está afectando ya a nuestras vidas. Aunque muchos de estos simpáticos robots parezcan artilugios, son una pequeña parte de una nueva era transformadora.

—HAZLO REALIDAD—

DAWN está en Nihonbashi, RED° Tokyo Tower cerca de Roppongi y Pepper Parlor en Shibuya. Henn na Hotel tiene varios establecimientos en Tokio; el de Maihama (cerca de Tokyo Disney) tiene RoBoHon. Science Square TSUKUBA está a las afueras de la ciudad, en la prefectura de Ibaraki.

DAWN cierra los jueves; para sentarse en la sección OriHime Diner hay que reservar *(dawn2021.orylab.com/en)*. Science Square TSUKUBA cierra los lunes. Los cafés y hoteles abren todos los días.

Puedes acceder sin escalones a DAWN por las estaciones de Mitsukoshimae (líneas de metro Ginza y Hanzomon) y Kanda (líneas JR Yamanote, Chuo y Keihin-Tohoku). Para ir a Science Square TSUKUBA toma la línea Tsukuba Express de Akihabara a Tsukuba y luego el autobús Kanto hasta la Namiki 2-chome.

«Los simpáticos robots se mueven entre las mesas para tomar pedidos».

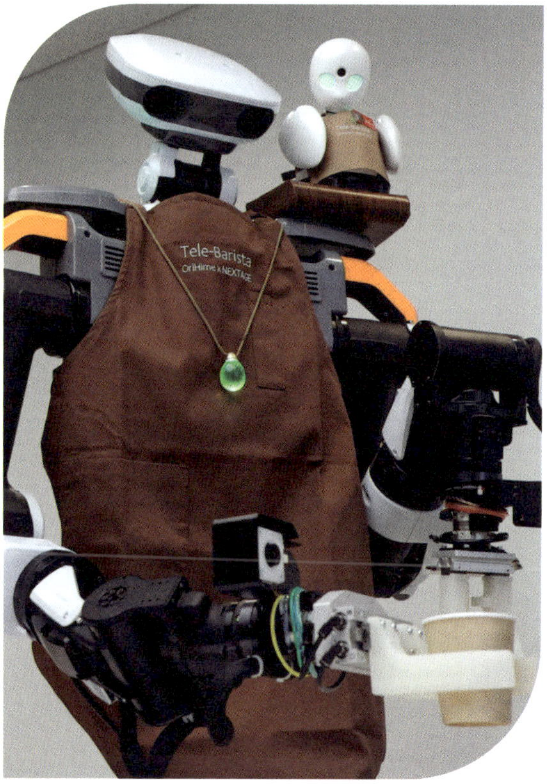

Arriba Un robot Pepper
Izquierda Un robot OriHime sirve bebidas en DAWN
Derecha Un robot barista prepara una taza de café

Barrios futuristas de Osaka

1

Den Den Town

Está repleto de tiendas de electrónica y anime y salas de videojuegos, aunque destaca por los artículos otaku. Prueba suerte con los juegos gacha y las máquinas de garra, curiosea en las tiendas de artículos raros y cena en un café temático.

2

Shinsekai

Su nombre significa Nuevo Mundo y se diseñó en 1912 como la visión japonesa del futuro. Su epicentro es la Tsutenkaku, una torre con plataforma de observación digna de una novela de ciencia ficción de los años cincuenta, sobre todo cuando se iluminan los neones.

3

Umeda

Este barrio de relucientes rascacielos rodea la estación de Osaka. Sube 173 metros hasta el observatorio del Sky Building para alucinar con las vistas de la ciudad.

Museo Nacional de Arte de Osaka

Explora la isla de los rascacielos de Osaka

Nakanoshima concentra los mejores edificios y museos de Osaka

Las inmensas ciudades japonesas son emocionantes, pero también pueden intimidar un poco, ya que ocupan áreas enormes sin un centro claro. Osaka es un buen ejemplo de ello: ¿es mejor alojarse junto a la estación de Osaka o cerca de la estación del *shinkansen*, a tres kilómetros y medio? ¿El castillo de Osaka es el centro o lo es el barrio de Namba? En lugar de intentar entender cómo encaja todo, puede ser más útil centrarse en uno o dos barrios. Y en Osaka, Nakanoshima es el mejor lugar para empezar.

Este banco de arena entre ríos mide solo 3 kilómetros de un extremo al otro y 300 metros en su punto más ancho, pero el espacio está muy bien aprovechado. Su extremo este ha sido el centro del comercio y la modernización desde principios del siglo XX: el grandioso Banco de Japón, la biblioteca Nakanoshima de la prefectura, neoclásica, y el ayuntamiento, neobarroco, siguen impresionando hoy en día. También hay maravillas futuristas de años más recientes, como la escultura de acero que rodea la entrada del Museo Nacional de Arte o el cubo negro mate del Museo de Arte Nakanoshima (NAKKA). Y, por supuesto, un montón de rascacielos: sube a la planta 40 de la Festival Tower West para tomar un cóctel con vistas panorámicas. Nakanoshima, un microcosmos dentro de Osaka, es el lugar perfecto para orientarse y experimentar el bullicio ultramoderno que da dinamismo a las metrópolis japonesas.

HAZLO REALIDAD

Nakanoshima divide los ríos Tosabori y Dojima. Está al sur de Umeda, al oeste del castillo de Osaka y al norte de Shinsaibashi y Namba.

La mayoría de los museos de Nakanoshima abren de 10.00 a 17.00 y cierran los lunes (los martes si el lunes es fiesta nacional).

Nakanoshima está muy bien comunicada con el resto de Osaka. Hay cuatro estaciones en la isla, todas de la línea Keihan Nakanoshima.

Viaje por la arquitectura contemporánea

DURACIÓN 10 días **INICIO** Tokio; vuela a uno de los aeropuertos internacionales de la ciudad: Narita o Haneda **DESPLAZAMIENTOS** Trenes regulares y bala **FIN** Karuizawa; de la ciudad salen trenes regulares y bala con destino a Nagano y Tokio

La inclinación nipona por el futuro no solo se ve en los robots y los dispositivos, sino también en las calles, que albergan edificios vanguardistas cuyo diseño provoca exclamaciones de asombro. Y eso es exactamente lo que harás en este itinerario: asombrarte. El recorrido circular sale de Tokio y pasa por la costa norte de Shikoku, Kioto y la región de Hokuriku para ofrecerte una pequeña muestra de los proyectos más vanguardistas del país, realizados por interesantes arquitectos. Y no solo hay edificios revolucionarios, sino que incluso las necesidades más básicas se ven favorecidas por las nuevas tecnologías, con laboratorios del sueño ingeniosamente diseñados y aseos públicos que llevan la comodidad a nuevas cotas.

5. DE IMABARI A ONOMICHI
Toma un tren JR de Takamatsu a Imabari (dos horas), donde puedes alquilar una bicicleta para recorrer los puentes de la Shimanami Kaido *(p. 178)*. Termina la ruta en Onomichi, donde se exhiben las 17 esculturas al aire libre del Museo de Arte Shimagoto, incluido el geométrico *Belvedere Setoda*, que surge del mar interior de Seto.

6. KIOTO
Dos *shinkansen* llevan a Kioto, una ciudad que combina a la perfección lo antiguo y lo moderno. Céntrate en su faceta moderna y visita el vestíbulo de cristal y acero de la estación de Kioto y museos vanguardistas como el Museo Nacional de Arte Moderno.

3. OSAKA
Toma un *shinkansen* a Osaka (una hora) y visita los rascacielos y museos de la isla de Nakanoshima *(p. 162)*. Sube al Kuchu Teien (Jardín Flotante) del Umeda Sky Building para disfrutar de una impresionante vista de la ciudad.

4. TAKAMATSU
Toma un *shinkansen* y luego un tren JR a Takamatsu, la mayor ciudad de la isla de Shikoku. Además de ejemplos de arquitectura moderna, como la Oficina del Gobierno de la prefectura de Kagawa, de Kenzo Tange, la ciudad cuenta con destacados edificios contemporáneos, como la Takamatsu Symbol Tower.

7. KANAZAWA
Puede que esta ciudad sea conocida por su arquitectura tradicional, pero el Museo de Arte Contemporáneo del Siglo XXI le da un toque moderno. Para ver sus obras experimentales de arte, diseño y arquitectura hay que tomar dos trenes desde Kioto.

8. TOYAMA
A solo 20 minutos de Kanazawa se sitúa esta antigua ciudad fortificada. Explora los edificios tradicionales muy bien conservados (y reinterpretados) del distrito de Iwase y las elegantes estructuras modernas del Museo de Arte en Vidrio y el Museo de Arte y Diseño.

9. KARUIZAWA
El recorrido termina en Karuizawa, a hora y media de Toyama en *shinkansen*. Aunque la naturaleza es el principal atractivo de esta ciudad, alrededor de sus bosques hay edificios innovadores, como la ondulante iglesia de Piedra y el Museo Hiroshi Senju.

FIN

INICIO

2. NAGOYA
Viaja en *shinkansen* a Nagoya, cuyo moderno paisaje urbano está salpicado de interesantes estructuras como las Mode Gakuen Spiral Towers y el planetario del Museo de la Ciencia de Nagoya *(p. 159)*, una enorme bola metálica que parece flotar en el aire.

1. TOKIO
Comienza el recorrido en la ciudad más futurista de Japón. Tokio cuenta con una espectacular arquitectura con increíbles edificios como la Torre de Tokio *(p. 154)*, ambiciosos proyectos como Azabudai Hills *(p. 142)* e incluso aseos públicos diseñados por arquitectos *(p. 149)*. Acaba el día con un sueño reparador en el 9h nine hours de Akasaka *(p. 144)*.

JAPÓN

RUTAS ÉPICAS

Japón es territorio de rutas épicas. A lo largo de los siglos se han trazado caminos por sus montañas y valles, y su excelente sistema de transportes garantiza que lo importante sea el viaje, no el destino.

EN EL MAPA

JAPÓN RUTAS ÉPICAS

65 Recorre los caminos sagrados de Kumano Kodo

66 Acompaña a los emperadores e intelectuales desterrados en Sadogashima

67 Viaja sobre raíles bajo el mar hasta Hokkaido

68 Conduce entre las nubes por la Bandai-Azuma Skyline

69 Pedalea por la Shimanami Kaido sobre el mar interior de Seto

70 Sube al sagrado monte Daisen

71 Camina por el reconstruido sendero costero Michinoku

72 Atraviesa los majestuosos Alpes del Norte

73 Duerme en los últimos coches cama de Japón

74 Toma el lento barco a Beppu

75 Monta en una *mama-chari* por la llanura de Kibi

76 Únete a los *ohenro-san* en la ruta de peregrinación de Shikoku

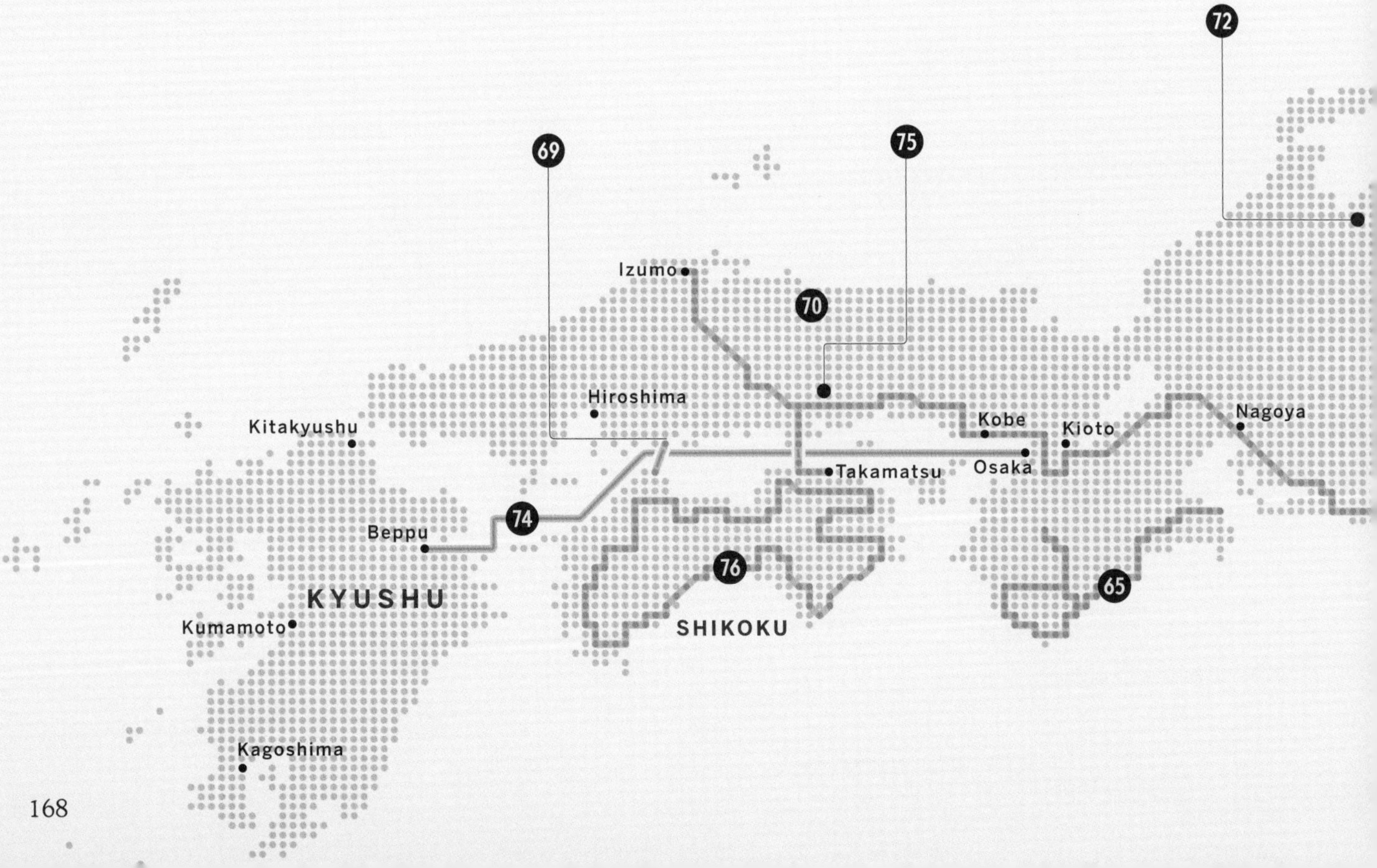

HOKKAIDO
Sapporo
Hakodate
67
Aomori
Akita
71
66
Niigata
Sendai
Naoetsu
68
Océano
Pacífico
HONSHU
TOKIO
73
N
0 km
100

Recorre los caminos sagrados de Kumano Kodo

Esta ruta de peregrinación, una de las dos incluidas en la lista de la Unesco, atraviesa el corazón espiritual de Japón

Cascadas atronadoras, bosques brumosos, fuentes termales... Los senderos de la ruta de peregrinación de Kumano Kodo atraviesan los misteriosos y salvajes paisajes de la península de Kii. Es una zona conocida como la «tierra de los dioses» —en el sistema de creencias sintoísta, las deidades residen en cada árbol, río y cascada— y los peregrinos acuden desde hace más de 1000 años. Se conservan cuatro caminos y todos conducen a los santuarios sintoístas de Kumano Sanzan, que están entre los más importantes de Japón.

El Iseji es el más largo de los senderos y serpentea hacia el este a lo largo de 170 kilómetros hasta el Ise-jingu, un importante santuario vinculado a la familia imperial. Su longitud conlleva diversidad —puertos de montaña, tramos empedrados, arrozales y bahías— y es fácil elegir un par de tramos para recorrer en pocos días. El Ohechi ofrece una aventura más corta. Este antiguo camino tiene impresionantes vistas al mar, atraviesa localidades turísticas y pueblos pesqueros, y brinda la oportunidad de conocer la cultura y la hospitalidad locales. En su extremo occidental están los tramos más bellos, incluido el de Tondazaka, que discurre entre bosques de pinos hasta el punto más alto del sendero: el puerto de Agotsujimatsu.

Sin embargo, son los dos caminos interiores los que ofrecen los paisajes más espectaculares de Kumano Kodo. El más popular es el Nakahechi, que empieza en el extremo occidental del Ohechi, sube hasta el Kumano Hongu Taisha y luego se bifurca: un tramo lleva al Nachi Taisha y al Ohechi oriental, y el otro, al Kumano Hayatama Taisha, en el extremo suroccidental del Iseji. Es posible completar este camino en una semana, visitando así los tres santuarios principales de Kumano Kodo. El paisaje es impresionante: la pagoda anaranjada del Nachi Taisha junto a la cascada homónima —la más alta de Japón con una sola caída de agua (133 metros)—, el hilo azul del río Kumano y las humeantes y relajantes aguas termales de Yunomine Onsen.

El último camino, llamado Kohechi, es el más difícil y el menos transitado. Parte del Hongu Taisha y atraviesa el corazón de las montañas hasta la cima sagrada del Koyasan, pero recompensa a los más resistentes con impresionantes paisajes y horas de tranquila inmersión en la naturaleza. Incluye varios puertos de más de 1000 metros y el punto más alto de Kumano Kodo, el monte Obako, de 1344 metros de altura. Y habiendo comenzado en uno de los lugares sintoístas más sagrados de Japón, los caminantes pueden terminar en la sede de la secta budista *shingon* en el Koyasan con una *shukubo* (estancia en un templo), igual que hacían los peregrinos hace un siglo.

— HAZLO REALIDAD —

Los senderos de Kumano Kodo atraviesan el extremo sur de la península de Kii, al sur de Kioto y Osaka, en las prefecturas de Wakayama, Nara y Mie.

Más detalles sobre senderos y alojamiento en *tb-kumano.jp/en*. Lleva siempre el equipamiento adecuado para el tiempo previsto, sea cual sea el sendero que recorras. Algunos tramos, especialmente en la parte norte del Kohechi, se cierran de mediados de diciembre a mediados de marzo por las fuertes nevadas.

La mayoría de las estaciones de ferrocarril de esta península montañosa están en la costa. La estación de Kii-Tanabe es la más conveniente para los extremos occidentales de los caminos Nakahechi y Ohechi; Kii-Katsuura y Nachi vienen bien para el extremo oriental del Ohechi y el Nakahechi; y Shingu es ideal para el Nakahechi oriental y el extremo suroccidental del Iseji.

«En el sistema de creencias sintoísta, las deidades residen en cada árbol, río y cascada».

Arriba izquierda Yunomine Onsen
Arriba derecha Complejo sagrado del Koyasan
Izquierda Pagoda del Nachi Taisha, con la cascada al fondo

Acompaña a los emperadores e intelectuales desterrados en Sadogashima

Hoy es una isla paradisíaca, pero tiene una historia fascinante y sombría

Sadogashima, o Sado, era un lugar de destierro. Cualquiera que causara problemas a los poderes fácticos se arriesgaba a ser enviado a esta isla escarpada, remota y aislada, de la que nunca se podía regresar. Entre los disidentes y perturbadores desterrados hay figuras históricas destacadas como Nichiren, el sacerdote-filósofo que fundó una escuela de budismo; Zeami Motokiyo, un maestro del teatro *noh;* e incluso un emperador del siglo XIII, Juntoku. En 1601 se descubrió oro y plata en el norte de la isla y los disidentes políticos fueron sustituidos en el período Edo por convictos enviados a trabajar. En el siglo XX llevaron a la fuerza a obreros de la Corea ocupada para trabajar en las minas, que cerraron finalmente en 1989.

Aunque las condiciones de vida en el exilio eran duras, no faltaba la cultura. Muchos artistas y trabajadores llevaron consigo sus propias tradiciones, desde funcionarios asignados por el *shogunato* que promovieron el teatro *noh* hasta marineros que entonaban canciones populares en las minas. Este legado cultural perdura hoy, con el mayor número de teatros *noh* per cápita de Japón y festivales de folclore *okesa*. Esto, junto con la belleza natural de Sado y su clima subtropical, es lo que la ha convertido en un lugar popular para vivir y visitar.

Sin embargo, la diferencia hoy en día es que el viaje a Sado es placentero: o bien se toma un ferri con un salón recreativo, un restaurante de máquinas expendedoras y un espacio en el suelo para echarse la siesta, o se opta por un *jetfoil* (hidroala) que parece volar sobre el agua. Cuando la isla empieza a perfilarse en el horizonte, su enorme silueta sigue siendo intimidatoria. También resultan ligeramente inquietantes lugares como los campos de lava de Ogi y las ruinas de la planta de flotación de Kitazawa, parcialmente invadidas por la naturaleza. No obstante, la espectacular costa, los bonitos pueblos y el interior boscoso componen la imagen de un paraíso, no de una prisión.

Es una sensación que se mantiene al visitar los principales lugares de interés de Sado, muchos de ellos ubicados en la costa. De Ogi, una localidad portuaria del suroeste de la isla, es originaria la humilde *tarai-bune* (barca bañera), que se fabricaba cortando un barril por la mitad. Los fans de *El viaje de Chihiro* reconocerán esta rústica embarcación, que se gobierna haciendo ochos en el agua con un solo remo y es una forma pintoresca e inusual de contemplar el puerto. De vuelta en tierra, asiste a una función de teatro *noh* antes de acostarte en un *ryokan* y dejarte llevar por el sonido de las olas rompiendo en la orilla.

—HAZLO REALIDAD—

Sadogashima está en la prefectura de Niigata, a unos 35 kilómetros de la costa de Honshu, y es la sexta isla más grande de Japón.

La isla es bastante grande, por lo que vale la pena quedarse a pasar la noche para explorar sus rincones más alejados.

Hay ferris regulares de Naoetsu a Ogi, en el suroeste de Sado (solo de finales de abril a mediados de noviembre), y de Niigata a Ryotsu, en el este (todo el año). Los *jetfoils* (todo el año, previa reserva) solo cubren la ruta de Niigata a Ryotsu. La línea Joetsu de *shinkansen* desde Tokio pasa por Nagaoka (desde donde va la línea Shin'etsu a Naoetsu) y Niigata. Los autobuses que recorren la isla suelen ser poco frecuentes y lentos, por lo que conviene alquilar un coche; la mayoría de las agencias están en Ryotsu, la principal ciudad de la isla.

Arriba La frondosa isla de Sado
Izquierda Disfrutando del paisaje en una *tarai-bune*
Derecha Pesca en una *tarai-bune*

Hakodate a vista de pájaro

Viaja sobre raíles bajo el mar hasta Hokkaido

El túnel Seikan, una maravilla de la ingeniería, conecta Honshu y Hokkaido

En el extremo norte de la península de Tsugaru, en una zona tranquila y boscosa, los ruidosos trenes de mercancías y los lustrosos *shinkansen* entran en un túnel de aspecto normal. Sin embargo, el paisaje boscoso en el que emergen se encuentra en otra isla: Hokkaido. Hasta la década de 1980, la única forma de realizar este trayecto era en barco, una travesía a veces arriesgada, como puso trágicamente de manifiesto el tifón *Marie* en 1954, que hundió cinco ferris y causó la muerte de 1430 personas. Construir un túnel submarino era una empresa colosal, pero finalmente, en 1988, se abrió el Seikan.

Hoy sigue siendo extraordinario: es el túnel con una sección submarina más largo del mundo, el segundo túnel ferroviario más largo y el túnel ferroviario submarino más profundo. Desde 2016 incluso los trenes bala pueden atravesarlo: tardan solo 20 minutos en cruzar el estrecho de Tsugaru y unir la ciudad de Aomori, en Honshu, con Hakodate. Esta bonita ciudad portuaria es una excelente introducción a Hokkaido, con su ambiente internacional, sus deliciosos productos lácteos y mariscos, y sus edificios históricos bien conservados. Toma el tranvía al Museo de los Pueblos del Norte para conocer la historia de los ainu y la increíble red de rutas comerciales que operaban —sin la ventaja de un túnel submarino— antes de que Japón se anexionase Hokkaido en 1869.

HAZLO REALIDAD

El túnel Seikan une la península de Tsugaru, en la prefectura de Aomori, en el extremo norte de Honshu, con el sur de Hokkaido.

Hay planes para ampliar la línea de *shinkansen* hasta la capital de Hokkaido, Sapporo, en la década de 2030. Ahora termina en Hakodate.

La línea Tohoku de *shinkansen* se convierte en la línea Hokkaido en Aomori; no es necesario hacer transbordo si vienes de Tokio.

Conduce entre las nubes por la Bandai-Azuma Skyline

Conocida como la «carretera que atraviesa el cielo», es una de las rutas más pintorescas de Japón

Cada mes de abril, en las laderas del parque Hanamiyama, en Fukushima, florecen unos 700 cerezos. Es un indicador de que la primavera ha llegado y, con ella, la reapertura de la Bandai-Azuma Skyline tras el letargo invernal. Pero no importa si conduces por esta ruta en primavera, cuando aún quedan muros de nieve, en verano, cuando las hojas verdes cubren las montañas, o en otoño, cuando los árboles adquieren un tono cobrizo; seguro que el viaje vale la pena.

Partiendo del balneario de Takayu Onsen, esta carretera alpina de 29 kilómetros atraviesa el Parque Nacional de Bandai-Asahi. En los 90 minutos de trayecto, la ruta alcanza una altitud media de 1350 metros, con unas vistas espectaculares. El primer mirador, a unos 15 minutos, es el elegante puente Fudosawa, donde las nubes se deslizan hacia el valle de Tsubakuro y la ciudad de Fukushima se divisa en todo su esplendor. Un poco más adelante se halla la pintoresca Jododaira, que marca la mitad de la ruta. Es el lugar perfecto para estirar las piernas dando un paseo por los pantanos subalpinos o ascendiendo al cráter del volcán activo Azuma-Kofuji. Al final de la ruta, en el puerto de Tsuchiyu, puedes ir a Tsuchiyu Onsen para disfrutar de un baño termal.

HAZLO REALIDAD

La ruta está en el extremo este del Parque Nacional de Bandai-Asahi, en Tohoku, unos 30 minutos en coche al oeste de Fukushima.

La carretera está cerrada de mediados de noviembre a principios de abril. Hay pocos hoteles en la ruta, pero muchos en Fukushima y en los *onsen*.

La ruta une Takayu Onsen con el puerto de Tsuchiyu, cerca del monte Azuma-Kofuji. Fukushima está en las líneas Tohoku y Yamagata de *shinkansen*.

La Bandai-Azuma Skyline en otoño

***Tres* onsen *en* Bandai-Azuma**

1

Takayu Onsen

Las aguas lechosas y azuladas de Takayu Onsen, en el extremo norte de la Bandai-Azuma Skyline, proceden de 9 fuentes diferentes. El complejo cuenta con 11 baños y ryokan *tradicionales. No hay tiendas de recuerdos.*

2

Tsuchiyu Onsen

Cerca del extremo sur de la ruta se halla este relajado complejo termal con acceso a magníficas rutas de senderismo por las montañas cercanas. Prueba a hacer kokeshi *(muñecas cilíndricas de madera) con un artesano local.*

3

Iizaka Onsen

Iizaka Onsen completa el trío de complejos termales en torno a Fukushima, situada al norte. Es un buen lugar para hacer las clásicas actividades de balneario, como probar la cocina al vapor en un izakaya.

69

Pedalea por la Shimanami Kaido sobre el mar interior de Seto

Esta sencilla ruta ciclista, que entreteje islas idílicas, es merecidamente famosa

Una de las rutas ciclistas más espectaculares de Japón discurre por 2 prefecturas, 8 pequeñas islas y 70 kilómetros de carretera sobre el mar interior de Seto. Se trata de la Shimanami Kaido, una autopista construida para conectar las islas de Honshu y Shikoku, y que consta de una vía de peaje para coches y otra libre para bicicletas. Es esta última la que ha acaparado mayor atención, y no es exagerado calificarla como la ruta ciclista más famosa de Japón, un título más que merecido.

La vía permite suficiente velocidad para cubrir mucha distancia y suficiente flexibilidad para detenerse a contemplar el bello entorno siempre que se desee.

Los seis puentes blancos que conectan las islas no solo son elegantes y llamativos, sino que también son llanos y están bien señalizados, por lo que es un placer pedalear por ellos. Las vistas del océano son impresionantes y vale la pena dedicar tiempo a explorar las islas, sus pequeños pueblos y sus parajes rurales. También la comida a lo largo de la ruta es sensacional, con ingredientes como los limones de Ikuchijima, la sal marina *(shio)* —prueba el *ramen* salado y el helado salado— y, por supuesto, el pescado. La ruta se puede recorrer en un día, pero, si puedes, adopta la filosofía del viaje lento y pasa la noche en una de las islas.

—HAZLO REALIDAD—

La ruta parte de Onomichi (prefectura de Hiroshima, Honshu) y acaba en Imabari (prefectura de Ehime, Shikoku).

Puedes alquilar la bicicleta y el equipo en un extremo de la ruta y dejarlos en el otro.

Onomichi tiene una estación de *shinkansen* y otra de trenes regulares. Imabari está en la línea JR Yosan.

Combínalo con LA LLANURA DE KIBI

Para pedalear con más calma por la misma zona dirígete a la llanura de Kibi (p. 189), cerca de Okayama, donde podrás pasar una tarde admirando el bello paisaje rural desde el sillín.

Vía para bicicletas de la Shimanami Kaido

Caminando por un sendero del monte Daisen

70

Sube al sagrado monte Daisen

El pico más alto de la región de Chugoku cuenta con excelentes senderos

—HAZLO REALIDAD—

El monte Daisen está en el Parque Nacional de Daisen-Oki, en la prefectura de Tottori (Honshu).

En invierno se puede practicar senderismo, raquetas de nieve y esquí. Consulta la previsión del tiempo.

Hay autobuses al Daisen-ji desde las estaciones de Yonago y Daisenguchi (ambas de la línea JR San'in).

Dado que tres cuartas partes de la superficie de Japón son montañosas, es lógico que el país cuente con excelentes rutas de senderismo. El monte Daisen, con su variada y bien señalizada red de senderos, es un buen ejemplo.

Con 1729 metros, es el pico más alto de la región de Chugoku, en el oeste de Honshu, y varias religiones lo consideran sagrado. Es uno de los lugares más importantes para los adeptos del *shugendo* (religión sincrética de culto a las montañas), cuyos caminos sagrados sentaron las bases de muchos senderos modernos. También alberga varios lugares religiosos, como el Ogamiyama-jinja Okunomiya, un tranquilo santuario sintoísta en el bosque de la cara norte del monte, y el Daisen-ji, un templo budista de la secta *tendai* fundado en el siglo VIII en la base del monte. Desde el Daisen-ji parten muchas de las rutas más populares. Entre ellas están el paseo de ida y vuelta de dos horas al valle boscoso de Motodani; la desafiante ruta Utopia, que permite descansar en una cabaña de montaña rodeada de flores; y la ruta circular Natsuyama, de cinco horas, que discurre por escalones de piedra y a través de antiguos bosques de hayas hasta el punto accesible más alto del Daisen, el monte Misen, a 1709 metros de altura. Tanto si alcanzas la cima como si no, la recompensa son unas vistas impresionantes.

Museos sobre el tsunami de 2011

1

Museo Conmemorativo de la Ciudad de Kesennuma
Este conmovedor museo es una escuela conservada tal y como quedó tras el tsunami, con libros y escombros esparcidos por todas partes y coches encajonados entre los edificios.

2

Museo Conmemorativo del Tsunami de Iwate
Este museo ofrece emotivas exposiciones y vídeos con explicaciones en inglés. Fuera, en el apacible parque, donde antes había decenas de miles de pinos, se conserva un solo árbol, austero y hermoso.

3

Minamisanriku 311 Memorial
Este espacio, diseñado por Kengo Kuma, se centra en relatos de primera mano. Se pide a los visitantes que escuchen y piensen cómo podrían enfrentarse a algo similar. La interactividad ayuda a asimilar las enseñanzas.

71

Tranquila playa junto al sendero costero Michinoku

> *«Al visitar los negocios locales y comprar productos de la zona estarás contribuyendo a su recuperación».*

Camina por el reconstruido sendero costero Michinoku

Este sendero de gran recorrido da testimonio del poder de la naturaleza y de la resiliencia humana

Quizás no lo notes al contemplar los verdes prados de la costa de Tanesashi o los pinos rojos que se aferran a los escarpados acantilados de Kitayamazaki, pero este tramo de costa fue devastado el 11 de marzo de 2011. Ese día, un terremoto de magnitud 9,0 sacudió la costa noreste de Honshu, desencadenando un tsunami que arrasó las defensas marítimas. Se calcula que 450 000 personas fueron desplazadas y casi 20 000 perdieron la vida a causa del desastre.

Después hubo un esfuerzo de recuperación a gran escala. Se creó el Parque Nacional de la Reconstrucción (Sanriku Fukko) para compartir la espectacular belleza de la costa y educar a la gente sobre la preparación para los desastres. El sendero costero Michinoku recorre algo más de la longitud del parque (1025 kilómetros) y sumerge al caminante en bellos paisajes, desde playas de arena blanca hasta bahías salpicadas de islas. Pero recorrer esta ruta es mucho más que caminar: también te brinda la oportunidad de conocer a los residentes. Además de hacerte una idea de la catástrofe de 2011, al visitar los negocios locales y comprar productos de la zona estarás contribuyendo a su recuperación. Y ese es, sin duda, un viaje que merece la pena.

HAZLO REALIDAD

El parque se extiende desde Hachinohe, en Aomori, hasta Kesennuma, en Miyagi. El sendero sigue hacia el sur hasta Soma, en Fukushima.

Más información y mapas del sendero en *michinokutrail.com*. Puedes recorrerlo por tu cuenta o contratar una excursión guiada en una agencia.

Hachinohe, en el extremo norte del sendero, está en la línea Tohoku de *shinkansen* entre Tokio y Aomori.

Atraviesa los majestuosos Alpes del Norte

Goza de vistas únicas de las cumbres desde teleféricos, funiculares y autobuses turísticos

La escarpada cordillera que recorre Honshu alcanza su mayor altura en el centro de la isla. Allí, en los Alpes japoneses, se encuentran casi todos los tresmiles del país, imponentes picos que superan los 3000 metros de altura. No es de extrañar, por tanto, que esta sea la zona más popular de Japón para practicar el senderismo de montaña. Pero hay otras maneras de disfrutar del espectacular paisaje alpino. La popular ruta alpina Tateyama-Kurobe comprende múltiples medios de transporte (como teleféricos y funiculares) que atraviesan esos formidables picos, permiten subir a grandes altitudes y brindan vistas épicas. Sin embargo, muchos están cerrados durante el invierno, aproximadamente de noviembre a marzo, ya que la tecnología moderna aún no está a la altura de los duros inviernos del *yukiguni* (país de nieve).

La ruta empieza en Tateyama (cerca de Toyama), donde se sube en funicular a la elevada zona de Bijodaira. Aquí puedes hacer una pausa para pasear por un bosque primigenio de hayas y cedros antes de subir a un autobús que se adentra en las montañas. Este sinuoso tramo es especialmente memorable de abril a junio, cuando bordean la carretera imponentes paredes de nieve de hasta 20 metros de altura que forman un corredor de un blanco impoluto. Puedes apearte en Midagahara para pasear a orillas de los humedales o en el punto más alto de la ruta, Murodo (2450 metros), que ofrece unas vistas increíbles de la cordillera de Tateyama, cuyos picos ya están cubiertos por un manto de nieve cuando las hojas apenas están adquiriendo sus tonos otoñales en altitudes más bajas. En Murodo abundan las rutas de senderismo; si caminar no es lo tuyo, sube al autobús que atraviesa el túnel a Daikanbo (10 minutos).

El mirador de Daikanbo da paso a uno de los momentos más sobrecogedores de la ruta: un trayecto en teleférico de 1,7 kilómetros que ofrece un amplio panorama de las montañas. Termina en Kurobedaira, otro lugar con vistas impresionantes desde donde un funicular conduce a la presa de Kurobe, la más alta de Japón (186 metros) y una de las obras de ingeniería más impresionantes del país. Aquí termina la ruta. Tras ver la presa y presentar tus respetos en el monumento a los 171 trabajadores que murieron construyéndola, puedes regresar a Toyama o dirigirte al este, a Shinano-Omachi, en autobús.

¿Deseas vivir más aventuras? En los Alpes también están el ferrocarril de la garganta de Kurobe, que serpentea desde Unazuki Onsen hasta Keyakidaira, y la ruta del cañón de Kurobe-Unazuki, que atraviesa las montañas para conectar el ferrocarril con la presa de Kurobe. Dan testimonio de los logros tecnológicos de Japón y permiten a todo el mundo acceder a este increíble paisaje montañoso.

—HAZLO REALIDAD—

Las rutas atraviesan los Alpes del Norte, en las prefecturas de Toyama y Nagano. La ruta alpina va al oeste hasta Tateyama o al este hasta Shinano-Omachi; el ferrocarril de la garganta va de Unazuki Onsen a Keyakidaira; y la ruta del cañón conecta ambas a través de Keyakidaira y la presa de Kurobe.

Es imprescindible reservar *(alpen-route.com; www.kurotetu.co.jp; canyonroute.jp)*. No se admiten maletas grandes; contrata un servicio de envío de equipaje si no vas a volver al punto de partida. Se venden billetes para algunos tramos de la ruta alpina y el ferrocarril de la garganta y para las rutas completas; los billetes para la ruta del cañón incluyen alojamiento.

Se puede empezar la ruta alpina desde Toyama (con parada de *shinkansen)* o Shinano-Omachi (línea JR Oito). Desde Kurobe Unazuki Onsen (línea Hokuriku de *shinkansen)*, la línea Toyama Chiho llega hasta Unazuki Onsen, donde empieza el ferrocarril de la garganta.

«Bordean la carretera paredes de nieve de hasta 20 metros de altura que forman un corredor de un blanco impoluto».

Arriba Teleférico que recorre la ruta alpina Tateyama-Kurobe
Izquierda Ferrocarril de la garganta de Kurobe
Derecha El famoso corredor de nieve de Tateyama

Tulipanes y cerezos en flor, con las montañas de Tateyama como telón de fondo

73

Duerme en los últimos coches cama de Japón

Cierra los ojos bajo la brillante luz de Tokio y despierta en un relajante paisaje rural

De los veloces *shinkansen* a los servicios especiales de temporada, Japón es famoso por sus trenes, pero sorprende saber que solo sobrevive un tren nocturno. El poco conocido Sunrise Express sale de la estación de Tokio, en la costa oriental de Honshu, hacia Okayama, donde se divide en los servicios Izumo —el trayecto más largo, con más tiempo para disfrutar del paisaje y los santuarios— y Seto.

Aunque en gran parte del viaje los paisajes son rurales, la aventura comienza en la bulliciosa capital de Japón. Es allí donde te subirás a bordo y te acurrucarás en tu litera para pasar la noche. El billete *nobi-nobi*, el más económico, incluye un espacio semiprivado en el suelo con una manta, una funda de almohada y una ventana. Si estás dispuesto a gastar algo más, puedes optar por una litera individual o doble con almohada; consigue sitio en un compartimento superior para observar las estrellas a través de las ventanas curvadas. No hay entretenimiento a bordo, ni wifi ni vagón restaurante, pero pronto te darás cuenta de que una ventana es todo lo que necesitas. Cuando el tren salga de Tokio, a las 22.00, podrás contemplar las deslumbrantes luces de la ciudad antes de dormirte por el soporífero traqueteo del tren. Cuando despiertes podrás admirar los pueblos nevados, los arrozales pulcramente alineados o las aguas del lago Shinji. Y cuando llegues a Izumo, a las 10.00, tu cuerpo estará descansado y listo para explorar las sinuosas calles y los espléndidos santuarios.

HAZLO REALIDAD

El Sunrise Izumo va de Tokio a Izumo, en la prefectura de Shimane (oeste de Honshu). Es un servicio diario y opera en ambas direcciones.

Los billetes se venden un mes antes a las 10.00. Si no puedes comprarlos en persona inténtalo en *www.westjrco.jp/global/en/ticket/route_search.*

Los billetes se venden en las taquillas de JR en cualquier estación de la ruta, no solo en Tokio, Izumo o Seto.

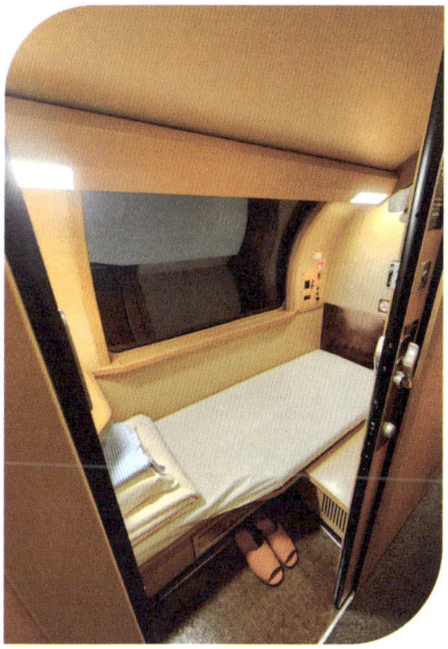

Combínalo con SETO NAIKAI

Viaja en el Sunrise Seto hasta Takamatsu, en Shikoku, para explorar las creativas y cautivadoras islas del arte del mar interior de Seto (p. 200).

Arriba El Izumo Taisha, un santuario de la ciudad de Izumo
Abajo Uno de los compartimentos del tren
Izquierda El tren de coches cama Sunrise Express

Vapor saliendo de las aguas termales de Beppu

74

Toma el lento barco a Beppu

Viaja por mar para llegar con estilo al famoso balneario de Kyushu

—HAZLO REALIDAD—

Beppu está en Oita (este de Kyushu); Osaka está en Kansai (Honshu), cerca de Kioto.

Compra los billetes en *ferry-sunflower.co.jp*. Llega al puerto una hora antes.

Las líneas San'yo y Tokaido de *shinkansen* paran en Osaka. Beppu está en la línea JR Nippo.

Beppu es el arquetipo de complejo balneario *onsen*, dominado por columnas de vapor que se elevan desde las rejillas y tras los edificios. Pero se distingue de los demás por su gran número de fuentes termales, cerca de 3000. Es, por tanto, uno de los lugares con mayor actividad geotérmica de Japón. Las propiedades relajantes y quizás curativas de sus aguas han hecho de Beppu un importante destino vacacional que recibe turistas nacionales y extranjeros.

La mayoría llegan en avión o en tren, pero para llegar con estilo reserva un pasaje en Sunflower, cuyos barcos cómodos y bien diseñados siguen una ruta especialmente pintoresca. Salen de Osaka sobre las 19:00 o 20:00, cruzan el mar interior de Seto y pasan ante las escarpadas costas del norte de Shikoku antes de llegar, 12 horas más tarde, a Beppu. A bordo podrás darte un capricho en el bufé, contemplar la puesta o la salida del sol desde la cubierta y comprar productos locales. Los camarotes van desde dormitorios hasta *suites;* los hay de estilo japonés, con suelos de tatami.

Después de viajar sobre el agua, es hora de meterse en ella. Llegarás a Beppu temprano (a las 7.00 u 8.00, según el día), justo a tiempo para darte un baño matutino en uno de los humeantes y relajantes baños públicos. Qué mejor manera de empezar el día.

Monta en una *mama-chari* por la llanura de Kibi

Esta sencilla ruta ciclista pasa por pintorescos campos de cultivo, templos, santuarios y túmulos funerarios históricos

Con su ritmo de vida pausado y sus interminables campos verdes, el Japón rural está hecho para pasear en bici. Uno de los lugares más tranquilos para hacerlo es la llanura de Kibi, en la prefectura de Okayama, por donde serpentea una ruta de 17 kilómetros. A diferencia de muchas zonas rurales niponas, Kibi carece de colinas, salvo por los bajos montes boscosos que la rodean, lo que permite pasar menos tiempo cambiando de marcha y más disfrutando del paisaje. Ve a una tienda de alquiler junto a la estación en cualquiera de los extremos de la ruta, toma una sencilla y económica *mama-chari* (literalmente, «bicicleta de mamá») con una espaciosa cesta y ponte en marcha.

Aunque es fácil recorrer la llanura en cuatro horas, no tengas prisa. Bájate para explorar sitios pintorescos, haz una pausa para hacer un pícnic a la sombra de un árbol y conoce la cultura y la historia de la zona. Detente en lugares de interés como el Bitchu-Kokubunji, un templo con terrenos llenos de flores y una pagoda de cinco pisos, o el gran Kibitsu-jinja, un santuario del siglo XV relacionado con el entrañable cuento de Momotaro. También están los *kofun* (túmulos funerarios), que trasportan al siglo V, cuando estas tierras de labranza eran el corazón del Reino de Kibi, y hoy sirven como excelentes miradores. Tómate tu tiempo y disfruta del viaje.

HAZLO REALIDAD

La ruta va desde la estación de Bizen-Ichinomiya, en la ciudad de Okayama, hasta la estación de Soja.

Puedes alquilar una bicicleta en un extremo y devolverla en el otro.

Para llegar a Kibi hay que tomar la línea San'yo de *shinkansen* a Okayama y luego un tren a Soja.

El Bitchu-Kokubunji, en Soja

Combínalo con KURASHIKI

Apéate del Sunrise Izumo *(p. 186)* ***en Okayama para pasar un espléndido día pedaleando por la llanura de Kibi y paseando por el barrio histórico de Bikan, en Kurashiki.***

«Es la ruta de peregrinación más larga de Japón y atraviesa las cuatro prefecturas de Shikoku».

Peregrinos *ohenro-san* recorriendo el Shikoku Henro

Únete a los *ohenro-san* en la ruta de peregrinación de Shikoku

El Shikoku Henro une 88 templos históricos en el litoral de la isla

Cuando visites Shikoku, la menor de las cuatro islas principales de Japón, quizás veas a unas distintivas figuras tomando un sendero de montaña o caminando junto a una carretera. Van vestidas de blanco, con una banda brillante alrededor del cuello, un sombrero cónico de juncia y un bastón de madera en la mano. A su paso es posible oír el tintineo rítmico y suave de una campanilla. Son *ohenro-san*, peregrinos que recorren el Shikoku Henro, un camino de peregrinación que enlaza 88 templos y rodea la isla.

Cualquiera es bienvenido a unirse a sus filas, ya sea para recorrer toda la ruta o solo un par de tramos. Incluso puedes vestir el traje tradicional para vivir aún más la experiencia. Mientras caminas, no te sorprendas si se detiene un coche y te ofrece un tentempié o si alguien sale corriendo de su casa para ofrecerte té recién hecho. Estos actos amables son *osettai*, una forma de participar en la peregrinación ayudando a los caminantes. Ya sea una toalla fresca en un día caluroso o una comida casera, si te ves en la circunstancia de aceptar un *osettai*, hazlo con el corazón abierto y una cortés reverencia.

La ruta completa sigue los legendarios pasos de Kobo Daishi, el venerado monje del siglo VIII que fundó la escuela budista esotérica *shingon*. Con 1400 kilómetros, es la ruta de peregrinación más larga de Japón y atraviesa las cuatro prefecturas de Shikoku: Tokushima, Kochi, Ehime y Kagawa. Si no dispones de tiempo para pasar por los 88 templos, puedes visitar algunos. El tramo entre el Dainichi-ji (templo 13) y el Ido-ji (templo 17) tiene menos de 8 kilómetros y se puede recorrer en un día. La mayor parte discurre entre arrozales y tranquilos alrededores, paisajes típicos del Shikoku Henro. Si tienes algunos días más puedes ampliar esta ruta en cualquier dirección. Si empiezas antes, en el Fujii-dera (templo 11), te encontrarás atravesando puertos de montaña y caminando por pintorescos pueblos y ondulados bosques de bambú de camino al Dainichi-ji. Si prefieres continuar después del Ido-ji descubrirás impresionantes paisajes montañosos de camino al Kakurin-ji y al Tairyu-ji (templos 20 y 21); esta parte tiene un tramo duro pero gratificante conocido como el *henro korogashi*, o lugar donde caen los peregrinos. Si te quedan fuerzas, continúa un día más hasta el Yakuo-ji (templo 23). Este bonito templo, encaramado sobre la bahía de Hiwasa, es el último de la prefectura de Tokushima, un lugar estupendo para terminar la peregrinación, a no ser que quieras visitar el templo 24.

—HAZLO REALIDAD—

La prefectura de Tokushima, al este de Shikoku, es la primera de las cuatro secciones del Shikoku Henro. Representa el despertar y le siguen secciones que representan el entrenamiento ascético (Kochi), la iluminación (Ehime) y, por último, el nirvana (Kagawa).

Si vas a caminar durante varios días o por zonas remotas, prepárate adecuadamente. Hay muchos recursos en inglés, como *henro.org* y *shikokuhenro.jp*, pero el más útil sigue siendo la *Shikoku Japan 88 Route Guide*, una guía muy detallada y actualizada periódicamente por Tateki Miyazaki.

Tokushima cuenta con un aeropuerto y un puerto de ferris conectados con Kyushu y Tokio, entre otros destinos. También llegan autobuses desde Osaka. La estación de tren ofrece servicios a otras zonas de Shikoku.

Un viaje panorámico por Japón

DURACIÓN 10 días **INICIO** Tokio; vuela a uno de los aeropuertos internacionales de la ciudad: Narita o Haneda **DESPLAZAMIENTOS** En tren, barco y bicicleta; también a pie en algunos tramos **FIN** Onomichi; a la ciudad llega el *shinkansen* y su aeropuerto más cercano es el de Hiroshima

Lo importante es el viaje, no el destino, y Japón se enorgullece de garantizar que el viaje sea inolvidable. El país es famoso por su eficiente y cómoda red ferroviaria, que va desde los *wanmanka* (trenes de un vagón) que circulan entre pueblos hasta los *shinkansen*, que baten récords de velocidad. Como se trata de un archipiélago, entre algunas zonas del país solo se puede viajar en barco. Este itinerario aprovecha la variada red de transportes nipona y te lleva en tren desde la animada capital hasta los rincones más tranquilos del oeste de Honshu y Shikoku, donde puedes disfrutar de paseos en bicicleta y cruceros por pintorescas bahías. Estos viajes no son meros desplazamientos de un lugar a otro, sino una forma de ver lo mejor del país. Puedes emprender una peregrinación para encontrar sentido a la vida o simplemente maravillarte con los paisajes urbanos, rurales y costeros que ofrece el camino.

2. IZUMO
Despierta junto al resplandeciente lago Shinji con todo el día por delante para explorar la hermosa costa de Izumo y su importante santuario. En vez de volver a viajar, disfruta de una cena tranquila y pasa la noche en Izumo.

3. MATSUE
Desde Izumo, los trenes retro de Ichibata Electric Railway recorren la orilla de Shinji-ko y llegan en una hora a la tranquila Matsue, con su castillo.

10. ONOMICHI
Alquila una bicicleta en Imabari y ponte en camino hacia Onomichi por la increíble Shimanami Kaido *(p. 178)*, una ruta ciclista a través de elegantes puentes entre Shikoku y Honshu.

FIN

9. IMABARI
Toma un tren JR a Imabari (dos horas) para recorrer un tramo del Shikoku Henro *(p. 191)* durante dos días y visitar varios templos.

1. TOKIO
En Japón no todo son trenes bala; para empezar el viaje de manera especial, compra un billete para el Sunrise Izumo *(p. 186)*, el último tren nocturno del país.

4. KURASHIKI
Reserva un asiento en el elegante y moderno tren Yakumo a Kurashiki (a poco más de dos horas de Matsue), donde puedes pasar días explorando los recovecos del barrio histórico de Bikan: calles empedradas, edificios de madera, restaurantes tradicionales y canales rodeados de sauces.

5. DE SOJA A OKAYAMA
Toma un tren hasta la estación de Soja (15 minutos), donde puedes alquilar una bicicleta para gozar de un tranquilo paseo entre los arrozales y templos de la llanura de Kibi *(p. 189)*. Deja la bicicleta al final de la ruta, en la estación de Bizen-Ichinomiya, a menos de 15 minutos de Okayama en tren JR.

6. TESHIMA
Se tarda más o menos una hora en tren JR (vía Chayamachi) o autobús en llegar a Uno para tomar el ferri a Teshima, una de las islas del arte del mar interior de Seto. Puedes ver la costa, los pueblos pesqueros y las obras de arte *(p. 200)* en bici o a pie.

7. NAOSHIMA
Toma el ferri de vuelta a Uno para subir a bordo de otro ferri que tarda 20 minutos en llegar a Naoshima *(p. 200)*, la más famosa de las islas del arte. Pasa el día viendo arte moderno y disfrutando de la playa.

8. TAKAMATSU
Un último ferri te llevará en una hora a Takamatsu, en Shikoku. Explora el hermoso jardín Ritsurin, visita las ruinas del castillo en la costa y goza de las vistas del mar interior de Seto.

JAPÓN

CULTURA POP

Japón es el paraíso del fan. Entre *fandoms* apasionados y subculturas únicas, la cultura pop es más que un fenómeno. Si hay un lugar para dejar salir al fan que llevas dentro, ese lugar es Japón.

EN EL MAPA
JAPÓN CULTURA POP

77 Da rienda suelta a tu *otaku* interior en Akihabara

78 Aprecia el arte de las islas del mar interior de Seto

79 Posa en la Cumbre Mundial del Cosplay

80 Presume de estilo urbano en Tokio

81 Adéntrate en el fascinante parque Ghibli

82 Celebra un *home run* en un partido de béisbol

83 Visita una comunidad revitalizada por el arte en Towada

84 Busca el arte en las alcantarillas

85 Muévete al ritmo del jazz en Kobe

86 Canta a pleno pulmón en un karaoke

87 Muestra tu orgullo en Kanazawa

88 Conoce a la mascota favorita de Japón en Kumamoto

HOKKAIDO
Sapporo
Aomori
83
Towada
Akita
Niigata
Sendai
HONSHU
Océano
Pacífico
Sakura
TOKIO
84
77
80
86
N
0 km
100

77

Da rienda suelta a tu *otaku* interior en Akihabara

La Ciudad Eléctrica de Tokio es un paraíso para los fans del anime, los videojuegos y todo lo friki

Akihabara, con sus luces de neón y su vibrante energía, genera sobrecarga sensorial. Desde las altas vallas publicitarias cantan y bailan los ídolos del j-pop, pegadizos *jingles* anuncian los últimos productos y figuras animadas hacen señas a los transeúntes. A pie de calle conviven ruidosos salones recreativos abiertos toda la noche, máquinas expendedoras de *gachapon* (cápsulas de juguetes) e increíbles tiendas de electrónica. Reina el caos, pero en el buen sentido: Akiba, como se la suele llamar, tiene un encanto innegable que invita a conocerla.

Pero nadie se siente mejor aquí que los apasionados del anime y el manga. De hecho, Akiba es una suerte de paraíso *otaku,* con tiendas que tienen desde lo imprescindible hasta lo más difícil de encontrar. Los cafés temáticos sumergen a los visitantes en sus mundos favoritos. Y no hay que ser un fan para dejarse atrapar por el universo *otaku;* si se tiene un mínimo interés en las subculturas frikis de Japón, Akiba es una visita obligada. Juega a los videojuegos en un salón recreativo, canta temas de anime en un karaoke o, simplemente, pasea por la zona. Y una última recomendación: participa en el sorteo de entradas para asistir a un concierto de AKB48. Este fenómeno de la música pop empezó aquí (AKB es la abreviatura de Akihabara) y todavía ofrece actuaciones casi a diario en su teatro.

HAZLO REALIDAD

Akihabara está en la parte norte del centro de Tokio, a solo dos paradas de metro de la estación de tren de Tokio y a poca distancia a pie del parque Ueno.

La Chuo-dori, calle principal de Akiba, se cierra al tráfico los domingos. Las entradas para los conciertos de AKB48 se sortean por internet *(akb48.co.jp/theater).*

Akihabara está bien comunicada a través de su estación en la línea de metro Hibiya y de las líneas JR Yamanote, Sobu y Keihin-Tohoku.

Akihabara, con sus anuncios luminosos

HOBBY PARADISE
ボークス秋葉原
LAOX
Duty Free
オノデン
エアコン扇風機
4F
冷蔵庫洗濯機
都内近郊送料無料
TAX FREE 免税店 特売中!!
ONODEN
まんが喫茶
TAKARADA
TAX-FREE 免税商店
歓迎光臨
PUNCH LINE
Vol.1
07.22 ON SALE!!
AKIHABARA
GAMERS

Aprecia el arte de las islas del mar interior de Seto

Un conjunto de idílicas islas situadas entre Honshu y Shikoku constituyen un escenario artístico mágico

Una calabaza amarilla con lunares en el extremo de un muelle. Un enorme óvalo blanco de aspecto alienígena que asoma entre árboles y arrozales. Un edificio bajo y elegante encajado entre las ruinas de una refinería de cobre centenaria. Estas contradicciones creativas son el núcleo del proyecto Art Islands, que desde la década de 1980 da vida a las islas del mar interior de Seto a través del arte.

Encabezado por Benesse Holdings Inc., el proyecto fue una respuesta a los problemas ecológicos y económicos de las islas en la segunda mitad del siglo XX. Su situación y sus paisajes son espectaculares, pero en la década de 1970 sufrían un declive posindustrial, contaminación e incluso vertidos ilegales de residuos. Soichiro Fukutake, de Benesse, ideó un plan: utilizar el arte para revitalizar la zona, empezando por el Museo Casa Benesse de Naoshima, diseñado por Tadao Ando. A partir de ahí, el proyecto creció. Varios artistas japoneses y extranjeros se inspiraron en la naturaleza y en la historia de cada isla para realizar sus obras, implicaron a los residentes e incorporaron edificios en desuso y estructuras industriales en ruinas, como la refinería de cobre de Inujima. El resultado, en constante evolución, es una síntesis única de arte y vida cotidiana que lleva a visitantes curiosos a lugares a los que de otro modo nunca irían y, de paso, los conecta con pequeñas comunidades y empresas locales.

Parte del placer de visitar estas islas consiste en tropezar con obras de arte mientras se recorren a pie o en bicicleta; pueden ser carillones de viento colgados en un bosque o coloridos garabatos ocultos en una callejuela de un pueblo pesquero. Pero hay obras y lugares en torno a los cuales se puede construir un itinerario. Como origen del proyecto, el Museo Casa Benesse de Naoshima es un punto de partida natural. Se construyó con el hormigón característico de Tadao Ando y se abre en algunos puntos para enmarcar vistas del mar o permitir que las nubes se reflejen en una piscina ovalada. En Naoshima también está la famosa calabaza amarilla de la artista Yayoi Kusama, que crea divertidos contrastes con los grises y azules del mar. En Teshima, una isla más grande dominada por una montaña boscosa, el Museo de Arte parece una gota de agua que ha rodado por las terrazas de arroz hasta estancarse junto a los árboles. La tercera de las islas principales, Inujima, es también la más pequeña. Además del Museo de Arte de Inujima Seirensho, alberga el Jardín de la Vida, un jardín botánico trazado en un terreno abandonado, y el Proyecto Casa del Arte, que reúne varias galerías para exposiciones específicas.

Hay obras en otras islas y todas crean una suerte de museo de arte repartido que anima a reducir la velocidad y observar el entorno. Los atractivos son incontables.

—HAZLO REALIDAD—

Las islas están en el mar interior de Seto (Setonaikai), entre el suroeste de Honshu y el noreste de Shikoku. Pertenecen a la prefectura de Kagawa (Shikoku).

La mayoría de los lugares abren todo el año. Visita *benesse-artsite.jp* para informarte sobre entradas y reservas. La Trienal de Setouchi es un importante festival de arte que se celebra en las islas cada tres años. Durante el festival se venden pasaportes que ofrecen acceso a múltiples obras y lugares; estos abonos salen más baratos si se compran por internet con antelación *(setouchi-artfest.jp)*.

Naoshima sirve de base para explorar las islas del mar interior de Seto. Los ferris la comunican con Okayama (en la isla de Honshu) y Takamatsu (en la isla de Shikoku), y conectan las islas del Setonaikai entre sí. Inujima también tiene conexión con el puerto de Hoden, cerca de Okayama.

«Parte del placer de visitar estas islas consiste en tropezar con obras de arte».

Arriba izquierda Museo de Arte de Inujima Seirensho **Arriba derecha** Museo Casa Benesse **Derecha** *Matrix* (2010), de Rei Naito, en el Museo de Arte de Teshima

Posa en la Cumbre Mundial del Cosplay

Prepara tus disfraces: cada verano, Nagoya acoge el mayor evento de *cosplay* del mundo

El *cosplay* —combinación de las palabras *costume* (disfraz) y *play* (actuar)— consiste en disfrazarse y divertirse. Pero algunos se lo toman muy en serio y pasan horas y horas creando réplicas perfectas de la ropa, el estilo e incluso las armas de sus personajes favoritos. En cierto sentido, es una forma de arte no reconocida y puedes ver a los maestros competir cada año en la Cumbre Mundial del Cosplay de Nagoya.

Durante una o dos semanas, la ciudad se llena de personajes de todo el mundo. Es gracioso verlos en escenarios incongruentes: imagina a Roronoa Zoro, de *One Piece*, blandiendo una enorme espada de gomaespuma en una escalera mecánica, o a Tifa, de *Final Fantasy*, apartándose el pelo para dar un sorbo a su café. En el escenario, sin embargo, todo es más profesional y cada competidor muestra el traje, las poses y los gestos de su personaje. Los entusiastas presentadores y las actuaciones de grupos *idol* animan el ambiente.

Los no concursantes también pueden disfrazarse de su personaje japonés favorito (se aceptan disfraces comprados en tiendas). Si te encuentras con otros personajes de la misma serie seguro que cruzaréis unas sonrisas y puede que te pidan una foto conjunta, por supuesto con la pose característica de cada personaje.

HAZLO REALIDAD

La sede de la Cumbre Mundial del Cosplay cambia, pero siempre es en Nagoya, capital de la prefectura de Aichi.

Compra las entradas para la competición en *worldcosplaysummit.jp*.

Nagoya está en la línea Tokaido de *shinkansen*, entre Tokio y Osaka.

Personas disfrazadas en la Cumbre Mundial del Cosplay

Transeúntes en el barrio tokiota de Harajuku

80

Presume de estilo urbano en Tokio

Tokio, una de las capitales mundiales de la moda, no tiene rival para ir de compras

—HAZLO REALIDAD—

Koenji está al noroeste de los lugares de interés de Tokio, Shimokitazawa al oeste y Jiyugaoka al suroeste. Los demás barrios están en el centro.

Las tiendas suelen abrir hasta bastante tarde y cierran los lunes.

Tokio tiene una completa red de transportes públicos que conecta todos los barrios.

Ya seas fan de los básicos sin florituras de Uniqlo, del estilo lolita gótico con muchos volantes, del lujo discreto de Yohji Yamamoto o de la ropa casual de Bape, es probable que en tu armario haya moda japonesa. Y no hay mejor lugar para abastecerse y descubrir las tendencias que Tokio.

Según tus intereses irás a un barrio u otro. En Shibuya y Harajuku podrás tomar el pulso a la cultura juvenil de la ciudad; pasea por la Takeshita-dori o visita el centro comercial Shibuya109 y verás los estilos subculturales más raros y recientes. Si buscas grandes marcas dirígete al rutilante barrio de Ginza o a la arbolada avenida de Omotesando. Si prefieres un enfoque más discreto del lujo echa un vistazo a las *boutiques* de Daikanyama y Kagurazaka, con su ambiente levemente europeo, o de Jiyugaoka, más parecido a Brooklyn. Los aficionados a lo *vintage* pueden pasar días en el moderno Shimokitazawa o en el bohemio Koenji.

Pero la gracia de la moda de Tokio no está en la visión de ningún diseñador ni en la selección de ninguna tienda, sino en la forma divertida y creativa en que la gente combina artículos dispares —de lujo, casuales, *vintage*, readaptados— para crear su propio estilo. Puedes comprobarlo en Cat Street y las callejuelas de Omotesando y Harajuku, e inspirarte en las estrellas de la moda de Tokio, que hacen de las aceras su pasarela.

81

Adéntrate en el fascinante parque Ghibli

Los mundos fantásticos del Studio Ghibli salen de la pantalla en este inmersivo parque temático

Al leer «parque temático» se piensa en coches de choque, montañas rusas y algodón de azúcar, pero eso no es lo que hay en el parque temático del Studio Ghibli. Se trata más bien de una enorme zona verde repleta de edificios, paisajes y protagonistas de las queridas películas del estudio de animación. Los fans no pueden dejar pasar la oportunidad de adentrarse en esos mundos fantásticos; a los espectadores ocasionales les encantan los extravagantes personajes y el entorno natural.

El parque, situado en Nagoya, está dividido en cinco zonas. La primera es la Colina de la Juventud, basada en *Susurros del corazón* y *Haru en el reino de los gatos*. Además de la tienda de antigüedades World Emporium y el taller de violines, en esta zona está la Oficina de Asuntos Gatunos: asómate para ver a los gatos descansando en mullidas sillas rojas. Al sur está el Gran Almacén, centro del parque y, a menudo, la zona más concurrida. También es el mayor espacio cubierto, por lo que la gente suele quedarse si llueve. La zona se inspira en 13 películas, incluida la oscarizada *El viaje de Chihiro*. Entra en la oficina de Yubaba, camina entre las altas flores de *Arrietty y el mundo de los diminutos* o prueba el delicioso bizcocho de Siberia de *El viento se levanta*. Los niños pueden subirse a la suave barriga de Totoro o al peludo autobús de los gatos de *Mi vecino Totoro*. En el Gran Almacén se encuentra la mayor variedad de comida, bebida y recuerdos del parque, además de un bello teatro de estilo *art déco* que proyecta cortometrajes exclusivos.

Un tranquilo sendero sombreado conduce a la Aldea de Mononoke, que recrea el paisaje rural del período Muromachi, como en *La princesa Mononoke*. Verás al dios jabalí Okkoto-nushi un poco menos terrorífico de lo habitual, ya que sirve de tobogán para los niños. Aquí puedes participar en un taller de *gohei mochi* (brochetas de arroz a la parrilla).

A pocos minutos a pie está el Valle de las Brujas, la zona más grande del parque, que evoca películas como *Nicky, la aprendiz de bruja* y *El castillo ambulante*. La habitación con flores de la casa de la infancia de Nicky es preciosa, y la panadería en la que trabaja en la película, Guchokipanya, cobra vida con productos recién horneados. También puedes entrar en el castillo de Howl, un espacio alegremente desordenado con balcones que ofrecen vistas del parque.

La zona más meridional es el Bosque de Dondoko, basado en *Mi vecino Totoro*. La casa de Mei y Satsuki se ha recreado con todo lujo de detalles —hasta la madera ligeramente podrida del cenador— y resulta emocionante curiosear y descubrir sus rincones. Si no eres fan de Ghibli no importa. Pasar un día en el parque es igualmente una gozada.

—HAZLO REALIDAD—

El parque Ghibli está en el Parque Conmemorativo de la Expo 2005 de Aichi, al noreste de la ciudad de Nagoya.

Consulta horarios, entradas, mapas y mucho más en *ghibli-park.jp/en/*. Compra las entradas con antelación: la demanda es alta y el número de visitantes se limita para mantener el ambiente del parque. Las entradas se ponen a la venta a las 14.00 del día 10 de cada mes para dentro de dos meses (por ejemplo, las de marzo están disponibles a partir del 10 de enero). Con la entrada puedes acceder a una hora concreta al Gran Almacén. Solo el abono Premium da acceso a todo el parque.

Nagoya está en la línea Tokaido de *shinkansen* entre Tokio y Osaka. Desde Nagoya toma la línea de metro Higashiyama hasta Fujigaoka y después el tren elevado Limino hasta la estación de Aichikyuhaku Kinenkoen, en el norte del parque. También hay autobuses desde la terminal de Meitetsu de Nagoya.

«A los espectadores ocasionales les encantan los extravagantes personajes y el entorno natural».

Un visitante pasa ante Sin Cara, de *El viaje de Chihiro*, en el parque Ghibli

Tres equipos que hay que conocer

1
Yomiuri Giants
Es el equipo más famoso del béisbol profesional japonés y el que más campeonatos ha ganado. Puedes verlo jugar la Liga del Pacífico en el elegante Tokyo Dome.

2
Yakult Swallows
Este equipo de Tokio disputa la Liga Central, como los Hanshin Tigers. Juega en el Meiji Jingu, un estadio al aire libre.

3
Fukuoka Softbank Hawks
Este equipo ha ganado la Liga del Pacífico en varias ocasiones desde el año 2000. Juega en el Fukuoka Dome, en Kyushu.

Aficionados preparándose para un partido en el estadio Koshien

Celebra un *home run* en un partido de béisbol

No hay nada como ver en directo el deporte favorito de los japoneses

Puede que el sumo sea el deporte nacional de Japón, pero en número de practicantes y espectadores el béisbol no tiene rival. Se introdujo en Japón en la década de 1870 y hoy es tan popular que las ligas profesionales no bastan: incluso el campeonato de los institutos se televisa y atrae a un gran número de espectadores cada mes de agosto. El nivel de juego es muy alto y jugadores como Ichiro Suzuki y Shohei Ohtani son ahora muy conocidos, incluso en Estados Unidos.

Aunque no sepas distinguir un extremo de un bate del otro, vale la pena vivir el ambiente de un partido y unirse a la multitud de aficionados con los colores de su equipo. Los más entusiastas son los de la sección de animación: todos corean, cantan y bailan al unísono. Estos aficionados suelen viajar para asistir a los grandes partidos, aunque son más numerosos en su propio terreno, como es natural.

Lo más probable es que, allá donde viajes, haya un estadio cerca. Pero para vivir la experiencia completa intenta ver jugar en casa a uno de los grandes equipos, como los Hanshin Tigers en el estadio Koshien. Se construyó en 1924 y es el estadio de béisbol profesional más antiguo de Japón; también acoge el Campeonato de Béisbol de Secundaria en verano y tiene un museo. Y no te pierdas la famosa comida del Koshien: *yakisoba* (fideos fritos), *yakitori* (brochetas de pollo), curri japonés y una cerveza bien fría. No es una mala forma de pasar el día, seas aficionado o no.

HAZLO REALIDAD

Nishinomiya está en la prefectura de Hyogo (región de Kansai), entre Osaka y Kobe. El estadio Koshien se sitúa en el sureste de la ciudad.

Para los equipos populares, como los Hanshin Tigers, es mejor reservar las entradas *(koshien.hanshin.co.jp)*; si no, cómpralas el mismo día.

Para ir al estadio toma la línea Hanshin desde Osaka, Kobe o Nishinomiya (también en la línea principal JR Tokaido) hasta la estación de Koshien.

Visita una comunidad revitalizada por el arte en Towada

Esta ciudad del norte de Honshu cuenta con una escena artística contemporánea pujante y sin pretensiones

Las calles de Towada, la típica ciudad de provincia, albergan algunas curiosidades inesperadas: un caballo encabritado cubierto de flores, un banco de piedra disfrazado de almohada y una casa de juegos con paredes como nubes de golosina. Esto se debe al proyecto Arts Towada, impulsado en respuesta al declive del barrio administrativo. Afectada por la progresiva despoblación de gran parte de Japón, la ciudad decidió que no quería que eso conllevara una pérdida de orgullo local. Así, se eligió la calle de 1100 metros que forma el corazón del barrio para albergar un ambicioso proyecto de arte contemporáneo, con la esperanza de insuflar nueva vida a Towada.

La calle, que cada primavera se engalana con la floración de sus cerezos, tiene ahora toques de color todo el año. El foco de los proyectos artísticos comunitarios es el Centro de Arte de Towada, abierto en 2008. El elegante edificio blanco de Ryue Nishizawa consta de varias secciones conectadas por pasillos acristalados y acoge exposiciones especiales y una colección permanente de unas 20 piezas; algunas ocupan salas enteras y otras están en rincones inesperados, listas para deleitar a quienes las descubren. Destacan *Wish Tree for Towada, Riverbed* y *Bell of Peace*, de Yoko Ono, tres piezas participativas que invitan al visitante a cruzar un río, tañer una campana y colgar sus deseos en un manzano; *Sumpf Land*, de Takashi Kuribayashi, en la que hay que subirse a una mesa y meter la cabeza en un agujero en el techo para atisbar algo inimaginable; y *Location (5)*, de Hans Op de Beeck, que mete al espectador en una solitaria cena nocturna.

Pero el arte no se limita a las paredes del museo. Al otro lado de la calle está la plaza del Arte, con *Fat House* y *Fat Car*, las coloridas setas moteadas de Yayoi Kusama y un enorme y simpático fantasma blanco que parece flotar sobre el césped. Este espacio abierto invita a los niños a jugar y a los adultos a descansar y disfrutar del extravagante entorno. En el centro de la ciudad hay bancos artísticamente diseñados, esculturas y edificios municipales de los famosos arquitectos Tadao Ando y Kengo Kuma. Puedes hacerte una idea de cómo los habitantes de Towada han abrazado el arte visitando la tienda de alimentación Takamura, que muestra obras de la exposición en curso en el museo, y en la pequeña tienda de té Matsumoto, cuyo propietario te mostrará orgulloso tanto sus fotos del proyecto Arts Towada como las propias piezas de la tienda. Es en estos momentos inesperados de conexión y creatividad cuando el éxito del proyecto es más evidente y alegre.

— HAZLO REALIDAD —

La pequeña ciudad de Towada está en la prefectura de Aomori, en el norte de Honshu, al noreste del lago Towada.

El Centro de Arte de Towada cierra los lunes (los martes si el lunes es fiesta nacional). El precio de las entradas aumenta durante las exposiciones especiales. Hay una audioguía gratuita en inglés. Más información sobre horarios, exposiciones y eventos en *towadaartcenter.com/en.*

Desde Tokio salen *shinkansen* a las estaciones de Shichinohe-Towada y Hachinohe. Desde esta última toma el autobús Towada Kanko Dentetsu con destino a Hommachi Higashi (unos 60 minutos) o el autobús JR Oirase-go que va al lago Towada (unos 40 minutos). Desde Shichinohe-Towada toma el autobús Towada Kanko Dentetsu con destino a Sanbongi Eigyo-sho.

Derecha *Wish Tree for Towada, Riverbed* y *Bell of Peace* (2008), de Yoko Ono
Abajo *aTTA* (2008), la gran hormiga roja de Tsubaki Noboru, en el Centro de Arte de Towada

«Las calles de Towada, la típica ciudad de provincia, albergan algunas curiosidades inesperadas».

Ghost y *Unknown Mass* (2010), del colectivo inges idee, en el Centro de Arte de Towada

84

Busca el arte en las alcantarillas

Descubre las obras maestras —y los memes— que hay bajo tus pies

El consejo habitual cuando se camina por Japón es mirar hacia arriba para no perderse los letreros de neón, los pétalos de flor de cerezo que flotan en el aire o las montañas nevadas. Pero a veces vale la pena mirar hacia abajo. Bajo tus pies puedes encontrar algo inesperado: tapas de alcantarilla decoradas. Los diseños artísticos empezaron a aparecer en una renovación del alcantarillado hacia 1950 y duró décadas. Ahora, más del 90 % de los municipios japoneses tienen sus propios diseños distintivos. Con tal cantidad y variedad ha surgido un nuevo pasatiempo: encontrar las alcantarillas más artísticas. Los aficionados vienen de lejos en busca de tapas famosas o inusuales, sacan fotos, hacen calcos y recogen recuerdos.

En muchas tapas se representan lugares o historias, como el castillo de Osaka y sus cerezos, la dramática escena de Atami de la novela *Konjiki Yasha* o el desfile de carrozas de Aomori. Otras están protagonizadas por personajes tan queridos como Hello Kitty, Pokémon o Sailor Moon. La ciudad de Sakura, entre Tokio y Narita, combina ambas temáticas. En el parque Furusato, junto al lago, se honra con una tapa de alcantarilla a Kabosu, personaje local y miembro de la realeza de internet. Tal vez no te suene el nombre, pero habrás visto el meme Doge: la perra *shiba inu* sentada en un sofá con las patas cruzadas que mira de reojo es Kabosu. Quizás la búsqueda de alcantarillas se convierta en tu pasatiempo favorito.

HAZLO REALIDAD

Hay tapas de alcantarilla artísticas por todo el país. La de Kabosu está en un lateral del parque Furusato, en Sakura (prefectura de Chiba).

Muchas tapas tienen una tarjeta de coleccionista asociada en la que figuran sus coordenadas; hay una lista de tarjetas en *gk-p.jp/mhcard.*

Desde Tokio toma la línea Keisei al aeropuerto de Narita, baja en la estación de Keisei-Usui y ve a pie, en bicicleta o en autobús al parque Furusato.

«Bajo tus pies puedes encontrar algo inesperado: tapas de alcantarilla decoradas».

Arriba Representación de un ciervo de Nara
Izquierda Dibujo del castillo de Osaka
Derecha Detalle del personaje de cuento Momotaro con un mono en una tapa de alcantarilla de Okayama

Otros géneros musicales japoneses

1

J-pop

Este tsunami de la música contemporánea surgió en los años noventa y no deja de producir superéxitos con ritmos irresistibles. En el extranjero son muy conocidos los grupos idol femeninos, como AKB48; puedes verlas en directo en su teatro de Akihabara (p. 198).

2

J-rock

La forma moderna del j-rock se fraguó en el auge de bandas de los años ochenta, cuando surgió el visual kei a partir del glam y el metal. Hoy el j-rock lo abarca todo, desde el punk hasta el indie. Las bandas más recientes tocan en locales como Koenji, en Tokio.

3

Enka

Para gustos más tradicionales no hay nada como el enka, cuyo uso de escalas menores realza su tono emotivo. Estrellas como Sayuri Ishikawa llenan grandes recintos.

Actuación en el bar de jazz Sone, en Kobe

Muévete al ritmo del jazz en Kobe

La ciudad portuaria de Kobe es el corazón de la próspera escena jazzística japonesa

Desde las novelas de Haruki Murakami hasta las bandas sonoras de series como *Cowboy Bebop*, el jazz tiene una fuerte presencia en la cultura nipona. Llegó al país por el puerto de Kobe, que acogió la repentina afluencia de mercancías e ideas extranjeras cuando se abrieron las fronteras a finales del siglo XIX. En esta ciudad se formó en 1923 la primera banda de jazz del país y ya no hubo marcha atrás: se autoproclamó con orgullo la cuna del jazz en Japón.

Si eres fan del género, seguro que ya estás planeando visitar los locales legendarios de Kobe. Si eres oyente ocasional, hay suficiente variedad como para que encuentres algún local atractivo. Sone, fundado en 1969, ofrece una experiencia atemporal: acomódate en una mesa de madera oscura o en una cómoda banqueta y disfruta de una cena o unas copas mientras toca una banda. Retro Jazz Café Jam Jam abre temprano y cuenta con una zona para los clientes que quieran escuchar discos sin el bullicio de las conversaciones. Basin Street y Great Blue tienen propietarios músicos —el guitarrista Tatsuhiko Kawasaki y el pianista Andoh Yoshinori, respectivamente— que actúan cada noche con otros músicos o se toman un descanso y se limitan a disfrutar del espectáculo. En octubre, la ciudad acoge el festival Kobe Jazz Street, en el que las actuaciones de profesionales y aficionados desbordan los locales habituales: es el momento perfecto para visitar la capital japonesa del jazz.

HAZLO REALIDAD

Kobe está en la región de Kansai, cerca de Osaka y Kioto. La mayoría de los bares, discotecas y salas están en Sannomiya, Kitano y Motomachi.

Los locales de Kobe suelen cobrar entrada. Las entradas se venden en la puerta; antes de comprarlas infórmate de quién actúa.

Kobe se encuentra en la línea San'yo de *shinkansen* entre Osaka y Hakata (Fukuoka), así como en las líneas JR Hankyu y Hanshin.

Canta a pleno pulmón en un karaoke

El karaoke, uno de los productos culturales más exitosos de Japón, es una institución nacional

Pasarlo bien con los amigos, desinhibirse con los compañeros de trabajo, matar el tiempo tras perder el último tren... El karaoke («orquesta vacía» en japonés) es la actividad a la que se recurre en todo tipo de situaciones. Si quieres probarlo, no te preocupes por el miedo escénico: en un país tan introvertido como Japón, lo normal no es cantar delante de una multitud en un bar, sino ocupar una cabina privada, solo o en grupo, para cantar tus canciones favoritas sin miradas de desconocidos.

En cualquier gran ciudad encontrarás una sucursal de Karaoke Kan, Manekineko, Big Echo o JOYSOUND. Cada uno tiene sus peculiaridades, pero la mecánica siempre es la misma: los clientes disponen de una sala privada con una pantalla, micrófonos, aperitivos, bebidas y, a menudo, disfraces e instrumentos como panderetas y maracas. Pon el programa en inglés, elige tu canción y la letra aparecerá en la pantalla, probablemente sobre un divertido carrusel de imágenes sin relación con ella.

Te lo pasarás en grande en cualquier karaoke que elijas. Si no puedes decidirte, ponte una peluca rosa o una camiseta de camuflaje del revés y selecciona *More Than This* en las sucursales de Shibuya o Shinjuku de Karaoke Kan para recrear la memorable escena de *Lost in Translation:* en ellas se rodaron las tomas interiores y exteriores, respectivamente.

HAZLO REALIDAD

Las sucursales de Shibuya y Shinjuku de Karaoke Kan están en el centro de cada barrio.

Con tantos karaokes en todas partes, no es necesario reservar con antelación.

La salida A3b de la estación de Shibuya y la B18 de la de Shinjuku son las más cercanas a las sucursales de Karaoke Kan.

Una sesión de karaoke en Tokio

El desfile del orgullo de Tokio en Shibuya, en 2016

87

Muestra tu orgullo en Kanazawa

La histórica capital de la prefectura de Ishikawa se ha convertido en el centro neurálgico de la comunidad LGTBIQ+ de Honshu

—HAZLO REALIDAD—

El Kanazawa Nijinoma está en el barrio de Tatemachi, en el centro de Kanazawa.

Consulta los eventos del colectivo LGTBIQ+ en *kanazawarainbowpride.com*. El Kanazawa Nijinoma cierra los martes y miércoles.

La línea Hokuriku de *shinkansen* pasa por Kanazawa.

Japón es un destino seguro para los viajeros LGTBIQ+, pero todavía no hay demasiado ambiente. El Ni-chome de Shinjuku, en Tokio, alberga algunas discotecas y acoge populares eventos, y los locales de Osaka son cada vez más conocidos, pero fuera de estas dos ciudades el panorama es bastante tranquilo.

Sin embargo, tras años de organización, la comunidad de Kanazawa ha empezado a poner a esta histórica ciudad en el mapa LGTBIQ+. Desde 2021 acoge un desfile del orgullo (normalmente en septiembre u octubre) y en 2023 abrió un centro comunitario permanente, el Kanazawa Nijinoma, que, además de acoger eventos, funciona como cafetería durante el día y como bar de ambiente relajado los viernes y sábados por la noche. Al más puro estilo de Kanazawa —la ciudad es conocida por su estética histórica y su rica cultura tradicional—, el centro ocupa un edificio centenario. En la puerta corredera de la entrada se exhiben banderas del orgullo y algunas de las puertas de papel del interior también se han pintado con los colores del arco iris. El Kanazawa Nijinoma te recibirá con los brazos abiertos, ya sea para pedir información local, relajarte en un espacio acogedor para el colectivo LGTBIQ+ o simplemente tomar una taza de café mientras contemplas un patio ajardinado tradicional.

Conoce a la mascota favorita de Japón en Kumamoto

Existe una gran variedad de mascotas niponas, desde las más adorables hasta las más absurdas

Una barriga grande y blanda, mofletes redondos y rojos, ojos grandes y sonrisa abierta. Es Kumamon, el oso mascota de Kumamoto, una obsesión en Japón. Con ese perfecto equilibrio entre lo tierno y lo levemente extraño, Kumamon es un rostro encantador y fácil de recordar para las promociones turísticas de la prefectura (*kuma* se escribe con el *kanji*, que significa oso). Con el entusiasmo que le caracteriza, presenta a los visitantes los atractivos de Kumamoto, entre ellos un imponente castillo, el cráter humeante del monte Aso, el *higo-zogan* (damasquinado) y el bien conservado complejo termal de Kurokawa Onsen; de hecho, Kumamon ha sido designado «sumiller de aguas termales». Es tal su éxito que el propio oso se ha convertido en una atracción local. Visítalo en la plaza Kumamon, que no solo funciona como su oficina en su doble función de director de ventas y director de felicidad de la zona, sino también como cafetería, tienda de artículos temáticos, salón de juegos de realidad aumentada y escenario: Kumamon sale y baila una o dos veces casi todos los días.

Y no es el único. Kumamon es una de las muchas mascotas adorables —también llamadas *yuru-kyara* (algo así como personajes de trato fácil)— diseñadas para promocionar sus lugares de origen. Visita Kaga para conocer a Spacrow, un cuervo de tres patas con las mejillas sonrojadas por el vapor y una toalla doblada en la cabeza; se inspira en un cuervo místico de tres patas que curó sus heridas con las aguas del Yamashiro Onsen y su nombre juega con *spa crow* (cuervo de balneario) y *super crow* (supercuervo). En Nara te enfrentarás a la desconcertante mirada de Sento-kun, un buda infantil con cuernos. Y en Shimane verás por todas partes a Shimanekko, un gato *(neko)* amarillo con un tocado en forma de tejado y una *shimenawa* (cuerda sagrada) en el cuello que aluden al famoso santuario de Izumo.

Todos ellos son *yuru-kyara* oficiales, pero quizás te encuentres con otros no oficiales. Dirígete al enorme mercado de los domingos por la mañana de Hachinohe y tal vez te cruces con Mama y Papa Ikadon, dos grandes calamares en cuyas vistosas cejas se puede leer el nombre de la ciudad. En el norte de Honshu vive Nyango Star, un híbrido de gato y manzana famoso por tocar heavy metal con su batería. En 2021, *Ultimate Guitar* proclamó a Nyango Star —cuyo nombre es una combinación de *nyan* (miau) y Ringo Starr— el batería más infravalorado del mundo.

Tanto si planeas ver a una mascota como si solo esperas un encuentro fortuito, las queridas y a menudo raras mascotas de Japón seguro que aportan un toque divertido a tu estancia en el país y algunos recuerdos a tu maleta.

— HAZLO REALIDAD —

El hogar de Kumamon, la prefectura de Kumamoto, está en el centro de Kyushu, con el mar de Ariake al oeste y las prefecturas de Miyazaki y Oita al este.

Las apariciones programadas de Kumamon, incluidas las de la plaza Kumamon (en los grandes almacenes Tsuruya), figuran en *kumamonland.jp/kyonokumamon*. Hay tantos *yuru-kyara*, creados por tantos grupos diferentes, que sería difícil elaborar un listado completo. Sin embargo, sitios gestionados por aficionados como *yurukyara.fandom.com* son un buen punto de partida para conocerlos. Las oficinas de turismo también tienen información sobre las mascotas locales (oficiales).

La ciudad de Kumamoto está en la línea Kyushu de *shinkansen* entre Fukuoka (Hakata), al norte, y Kagoshima, al sur. También tiene un aeropuerto con vuelos a Okinawa y Honshu, y un puerto de ferris con conexiones a Shimabara.

«Es Kumamon, el oso mascota de Kumamoto, una obsesión en Japón».

El adorable Kumamon en plena actuación

Un peregrinaje por la cultura pop

DURACIÓN 10 días **INICIO** Osaka; vuela a los aeropuertos de Itami o Kansai
DESPLAZAMIENTOS Trenes bala y regulares, y un autobús a Towada **FIN** Sapporo; la ciudad tiene un aeropuerto con conexiones a Tokio, Osaka y destinos internacionales

Parte del placer de viajar a Japón es la posibilidad de dar rienda suelta al *otaku* (friki) que llevas dentro. Pero el anime y el manga no son las únicas obsesiones. En Japón, la cultura pop abarca un amplio abanico de aficiones —deporte, música, arte moderno, moda experimental— y este itinerario muestra muchas de sus facetas. Desde la región de Kansai hasta Sapporo, la capital de Hokkaido, podrás aficionarte a los cómics, conocer a una mascota muy popular, buscar alcantarillas y descubrir una cultura indígena que inspiró una exitosa serie de anime. Conocer la industria del entretenimiento de Japón forma parte de la experiencia de viajar por esta potencia de la cultura pop, así que prepárate para sacar tu lado *otaku*.

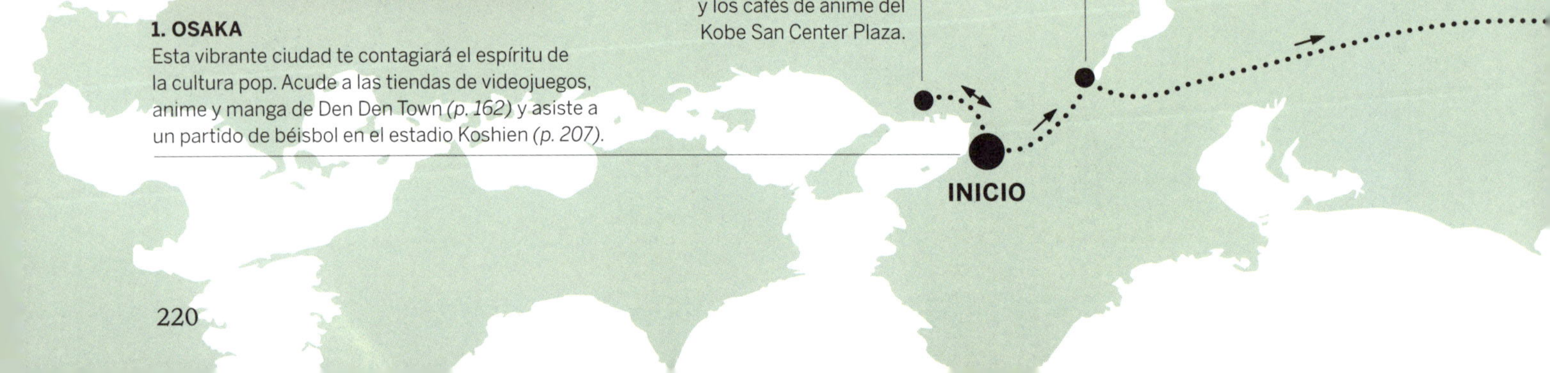

1. OSAKA
Esta vibrante ciudad te contagiará el espíritu de la cultura pop. Acude a las tiendas de videojuegos, anime y manga de Den Den Town *(p. 162)* y asiste a un partido de béisbol en el estadio Koshien *(p. 207)*.

2. KOBE
¿Sigues en busca de tiendas *otaku?* Haz una excursión de un día a Kobe, a solo 15 minutos de Osaka en *shinkansen*, y visita las tiendas de cómics y los cafés de anime del Kobe San Center Plaza.

3. KIOTO
Desde Osaka, el *shinkansen* te lleva a otro paraíso de la cultura pop: Kioto. Echa un vistazo al cuartel general de Nintendo, pasa la noche en el hotel Marufukuro (sede original de Nintendo en la década de 1930) y acércate al Museo del Manga. Después toma otro *shinkansen* a Tokio.

FIN

9. SAPPORO

El viaje termina en la moderna Sapporo, a una hora en tren JR. Es la ciudad natal de Hatsune Miku, cantante virtual de Vocaloid y embajadora de la prefectura de Hokkaido.

8. SHIRAOI

La cultura viva y los antiguos mitos de los ainu, pueblo indígena de Hokkaido, inspiraron la serie de manga y anime *Golden Kamuy*. Tras conocer al pueblo ainu en Upopoy *(p. 58)* dirígete a Sapporo en tren JR.

7. HAKODATE

Desde Hachinohe, el *shinkansen* tarda hora y media en llegar a la tranquila ciudad portuaria de Hakodate *(p. 175)*. Dirígete al parque Hakodate, donde se sitúa una *Pokéfuta* (tapa de alcantarilla de Pokémon). Pasa el resto del día buscando otras tapas decoradas y visita el excelente Museo de los Pueblos del Norte. Luego viaja a Shiraoi en tren JR (tres horas).

6. TOWADA

De Hachinohe al Centro de Arte de Towada *(p. 208)* hay 40 minutos en autobús, así que se puede hacer una excursión de un día. Busca instalaciones como un caballo gigante cubierto de flores y las obras de lunares de Yayoi Kusama que animan las calles. Regresa a Hachinohe para pasar la noche.

5. HACHINOHE

Viaja a la histórica ciudad de Hachinohe en *shinkansen* (algo menos de tres horas) para ver a la mascota *kimokawaii* (desagradable pero adorable) por excelencia, Ikadon *(p. 218)*, en el mercado dominical.

4. TOKIO

Tokio es la ciudad *otaku* por excelencia: aquí reinan las subculturas. Si eres fan del anime ve a zonas comerciales como Akihabara *(p. 198)* e Ikebukuro, o dirígete a las afueras para visitar el Museo Ghibli. ¿Quieres ver las últimas tendencias en moda? Visita Shibuya y Harajuku *(p. 203)*.

JAPÓN

ESTACIONAL

Japón es increíble en cualquier época del año: piensa en los cerezos en flor en primavera y las hojas rojas en otoño, o en las alegres fiestas de verano y las aventuras en la nieve en invierno. ¿Qué estación te cautiva?

EN EL MAPA

JAPÓN ESTACIONAL

89 Aviva el fuego en Nozawa Onsen
90 Deslízate por la nieve polvo en Hokkaido
91 Entra en calor en una fuente termal en invierno
92 Camina sobre el hielo a la deriva en Shiretoko
93 Participa en la tradición anual del *hanami*
94 Disfruta de la floración del ciruelo en el Kairaku-en
95 Siente la energía del Awa Odori
96 Asiste a la fiesta de las luciérnagas en Nigami
97 Admira las hortensias del Unsho-ji
98 Sumérgete en los colores del otoño
99 Comparte la cosecha con los dioses
100 Celebra la belleza del otoño en Kioto

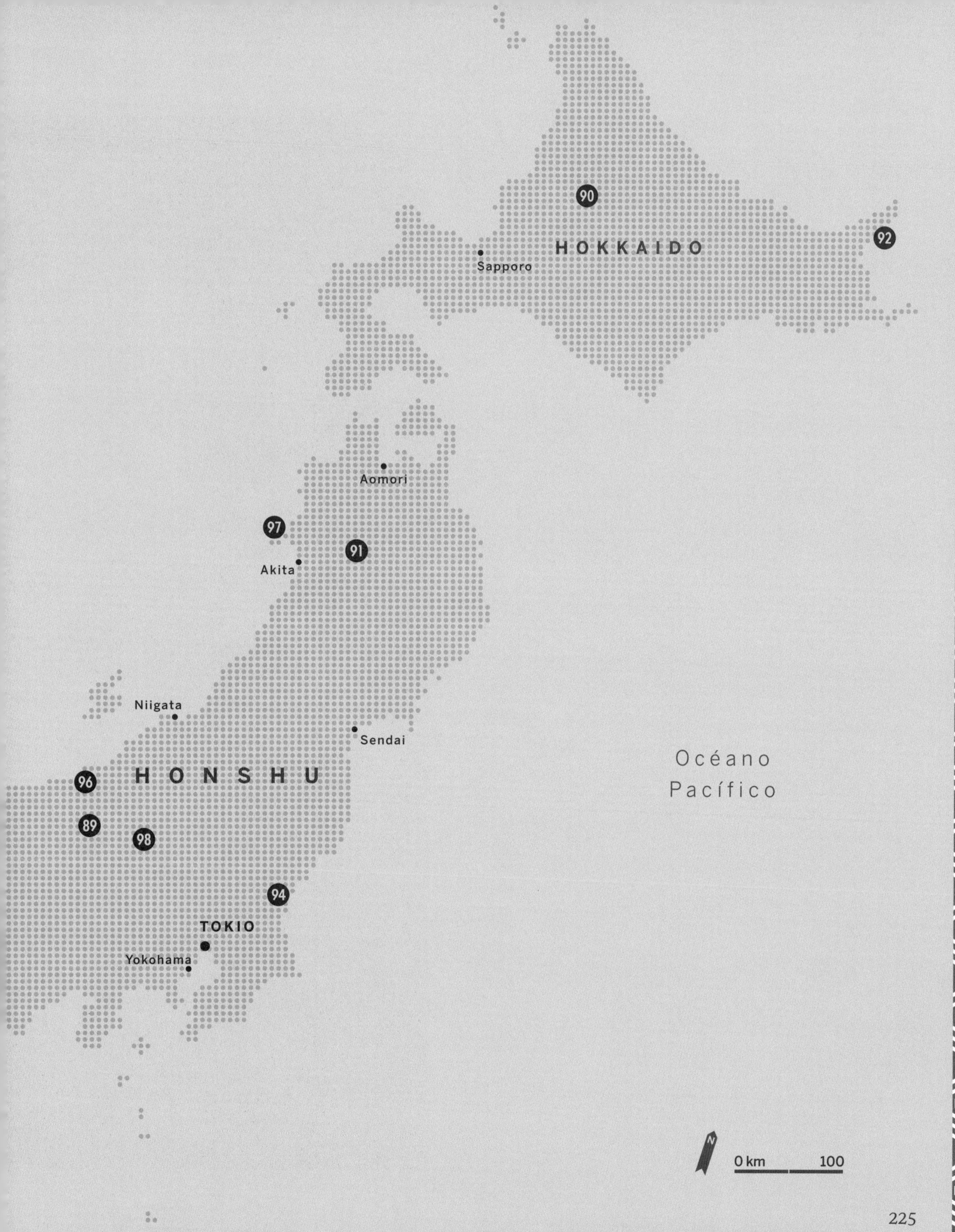
90
92
HOKKAIDO
Sapporo
Aomori
97
91
Akita
Niigata
Sendai
96
HONSHU
89
98
94
TOKIO
Yokohama
Océano
Pacífico
N
0 km
100

89

Aviva el fuego en Nozawa Onsen

Las antorchas iluminan la fría noche en el desenfrenado Dosojin Matsuri

En lo más crudo del invierno, el complejo termal de Nozawa Onsen enciende la noche, y no solo en sentido metafórico. Durante unos días, los habitantes erigen en la plaza un santuario temporal dedicado a las deidades protectoras Dosojin, cuyas estatuas se ven por toda la ciudad. Una vez terminado, se congrega una emocionada multitud mientras se forman dos grupos de hombres: los de 42 años y los de 25. Se dice que ambas edades traen mala suerte, pero se puede contrarrestar participando en la fiesta.

Los mayores suben a lo alto del santuario y empiezan a corear «hi motte koi», «que venga el fuego»: es el inicio de una noche caótica y emocionante. Los jóvenes custodian el santuario y repelen a quienes intentan prenderle fuego con antorchas. Los mayores cantan, bailan, incitan a la multitud e incluso arrojan leña. El sake fluye sin freno. Tanto si se rompen las defensas como si no, el santuario se incendia hacia las diez de la noche, después de que los hombres hayan bajado. Todo el mundo sigue celebrando mientras el enorme fuego crepita, brindando por el esfuerzo de los hombres y calentándose junto a las llamas. Si puedes, quédate hasta la mañana, cuando los locales tuestan tortas de arroz en los rescoldos del santuario. Según se dice, comerlas te protegerá de las enfermedades durante el próximo año, además, puede que necesites carbohidratos después de los excesos de la noche.

HAZLO REALIDAD

Nozawa Onsen está en el extremo norte del Parque Nacional de Joshin'etsu Kogen, en la prefectura de Nagano, en el montañoso centro de Honshu.

El Dosojin Matsuri se celebra anualmente el 15 de enero. Lleva ropa de abrigo que no te importe que se chamusque con las chispas.

Toma la línea Hokuriku de *shinkansen* o la línea JR Iiyama hasta la estación de Iiyama y desde aquí un autobús a Nozawa Onsen.

Quema del santuario en el Dosojin Matsuri de Nozawa Onsen

Más fiestas de invierno

1

Sapporo Yuki Matsuri

Visita la capital de Hokkaido en febrero para asistir a esta famosa fiesta, en la que se exhiben enormes y complejas esculturas de nieve y hielo durante una semana. Iluminadas por la noche son muy bellas.

2

Takeuchi

En febrero, el pueblo de Rokugo, en Akita, se convierte en un campo de batalla. Dos bandos se citan en la plaza del pueblo y se atacan con varas de bambú en un antiguo ritual para predecir la cosecha. Para darle más emoción, se enciende una enorme hoguera.

3

Aoshima Hadaka Mairi

Bajo el cielo despejado de enero en Miyazaki (Kyushu), más de 400 personas —ellos vestidos con taparrabos blancos y ellas con sencillas ropas blancas— se reúnen para realizan el misogi, o rito de purificación del agua, corriendo directamente al gélido mar.

Deslízate por la nieve polvo en Hokkaido

La legendaria calidad de la nieve de la gran isla del norte de Japón la convierte en una meca de los deportes de invierno

Japón es conocido por sus largos inviernos y alberga estaciones de esquí de primer nivel. De hecho, su nieve polvo —seca, esponjosa y recién caída— es tan legendaria que tiene su propio nombre: *Japow* (de *Japan* y *powder,* en inglés). Y si hay un lugar en el que esté garantizada, ese es Hokkaido, un destino que hará las delicias de cualquier aficionado al esquí o al *snowboard*.

Si viajas a Hokkaido en invierno te costará elegir estación. La tarjeta de visita de la región es, sin duda, Niseko, una megaestación conocida como la capital mundial de la nieve polvo y a la que se llega fácilmente desde Sapporo, la capital de Hokkaido. Cerca está Rusutsu, igual de popular y conocida por el esquí fuera de pista entre árboles y por el heliesquí. Pero si te apetece ser espontáneo, instálate en una ciudad y explora las estaciones y áreas de esquí cercanas, con la flexibilidad de decidir el destino cada día en función del tiempo.

La tranquila ciudad de Asahikawa es una opción ideal para este plan. Su estratégica ubicación permite explorar las estaciones del centro y el norte de Hokkaido, que suelen contar con una nieve polvo especialmente seca que no se encuentra cerca de la costa. Kamui Ski Links es una de las más cercanas, a solo media hora de la ciudad, y es perfecta para acostumbrarse a la nieve del centro de Hokkaido. La mayoría de las pistas están acondicionadas, las hay para todos los niveles y los remontes tienen precios muy razonables.

En el otro extremo de la escala están las áreas esquiables del agreste Parque Nacional de Daisetsuzan, también accesibles desde Asahikawa. Las empinadas e intactas laderas de Kurodake y su exigente terreno desaniman a todos, excepto a los esquiadores de travesía más expertos, y suele ser la primera estación que abre cada año. Asahidake se sitúa en la cara suroeste de la montaña más alta de Hokkaido (un volcán activo) y ofrece una gran variedad de pendientes, además de la temporada más larga de Japón, de diciembre a mayo.

Si buscas estaciones polivalentes debes ir un poco más lejos, a las bien equipadas estaciones de Furano y Tomamu. Los kilómetros de pistas acondicionadas, la disponibilidad de clases y la atractiva oferta *après-ski* las hacen ideales para familias y principiantes, aunque también cuentan con áreas fuera de pista tentadoras para esquiadores y *snowboarders* avanzados.

La ventaja añadida de alojarse en una ciudad como Asakihawa es que puedes conocer su cultura y su vida cotidiana, más interesantes que las de un complejo turístico. Pasea por sus calles nevadas bajo la iluminación invernal, repón fuerzas tras un día en las pistas con el rico y aceitoso caldo de soja del *ramen* local y diviértete en las fiestas de febrero, cuando se exponen esculturas de nieve por toda la ciudad.

— HAZLO REALIDAD —

Asahikawa está en el centro de Hokkaido, la más septentrional de las cuatro islas principales de Japón. El Parque Nacional de Daisetsuzan está al este y Sapporo unos 140 kilómetros al suroeste, en la llanura de Ishikari, a orillas del río Toyohira.

Para obtener información sobre la nieve en Japón y las estaciones de esquí de Hokkaido consulta *powderhounds.com*. La temporada de deportes de invierno va de diciembre a marzo, aproximadamente, aunque depende del año y del lugar.

Vuela de Tokio a Asahikawa, desde donde salen autobuses a muchas de las estaciones de esquí de la zona; hay que reservarlos con una semana de antelación a partir de finales de septiembre. Desde Sapporo puedes ir en tren expreso, tren local limitado o autocar. Algunos hoteles de Asahikawa tienen servicios de transporte a ciertas estaciones; la red de autobuses públicos es eficiente.

«Si te apetece ser espontáneo, instálate en una ciudad y explora las estaciones de esquí cercanas».

Snowboard sobre nieve polvo en Niseko

Entra en calor en una fuente termal en invierno

Los *onsen* naturales de Japón son aún más apetecibles en los meses de nieve

Una de las ventajas de la actividad geotérmica de Japón es la abundancia de fuentes termales, que han propiciado una rica cultura del baño. El *yukiguni* o país de nieve —la cordillera de Honshu, donde los inviernos son muy fríos— es conocido por una versión fascinante del *onsen:* el *yukimiburo* o «baño con vistas a la nieve».

Es fácil experimentarlo en cualquier complejo termal del país de nieve, pero el rústico Nyuto Onsen es especialmente encantador. Está en las montañas del Tazawa-ko, el lago más profundo de Japón, y cuenta con siete *ryokan* con baños propios de libre acceso. No hay ajetreo ni bullicio, solo la sensación de estar rodeado de naturaleza mientras los músculos se relajan en el agua caliente. Los baños interiores son reconfortantes, pero son los exteriores *(rotemburo)* los que se llevan la palma. Un sendero atraviesa un bosque de hayas hasta una piscina de color blanco lechoso debido a la alta concentración de minerales volcánicos, considerados embellecedores y saludables. Tras desnudarte, métete en las sedosas aguas. La nieve se irá derritiendo a medida que el agua calienta tu piel y el vapor se eleva. No hay nada como darse un baño caliente rodeado de un paisaje silencioso y nevado; el único problema es que al final hay que salir.

—HAZLO REALIDAD—

Nyuto Onsen está en el Parque Nacional de Towada-Hachimantai, en Akita (norte de Honshu).

Algunos *ryokan* de Nyuto Onsen permiten bañarse con tatuajes si están cubiertos con parches de color carne.

Toma el autobús desde la estación de Tazawako (en las líneas Tazawako y Akita de *shinkansen).*

Combínalo con KINOSAKI ONSEN

Haz una peregrinación termal por Japón y para en Kinosaki (p. 68) *para conocer a fondo la singular cultura japonesa del baño y disfrutar de un chapuzón.*

Baño de aguas termales en Nyuto

Un águila marina posada sobre el hielo a la deriva

92

Camina sobre el hielo a la deriva en Shiretoko

Este parque nacional del noreste de Hokkaido es el único lugar del país donde se puede vivir esta experiencia

—HAZLO REALIDAD—

Los viajes suelen partir de Utoro, en el noreste de Hokkaido.

Los viajes se hacen de febrero a marzo, dependiendo del estado del hielo. Uno de los operadores es Picchio *(shiretokopicchio.com)*.

Hay autobuses a Utoro desde la estación de Shiretoko-Shari (línea principal JR Senmo).

Los ainu, indígenas del norte de Japón, usan las palabras *sir etok* para referirse al fin de la tierra. La península de Shiretoko, que sobresale en el noreste de Hokkaido, se siente ciertamente remota, y aún más en pleno invierno, cuando el hielo a la deriva *(ryuhyo)* se concentra en torno a la orilla.

La mejor forma de conocer este paraíso invernal es atravesándolo a pie, una aventura inolvidable que debe emprenderse con un guía experto. La mayoría de las excursiones parten de Utoro, una de las últimas paradas antes de adentrarse en la naturaleza salvaje de Shiretoko. La mitad norte de la península está cubierta de densos bosques donde viven ciervos, zorros, osos pardos y el escurridizo búho pescador de Blakiston. La experiencia es segura: una vez en la orilla hay que ponerse un traje seco antes de salir al hielo con tu guía.

La vista desde la orilla es increíble. El paisaje marino es un lienzo gris, blanco y azul, con enormes bloques de hielo que se mecen en las aguas aceradas o una extensión casi infinita de blanco. Sobre el hielo, el sentido de la perspectiva cambia e incluso el paisaje sonoro resulta desconocido. El viento sopla entre el hielo, que cruje bajo los pies, y se escuchan los alaridos de los pigargos europeos y las enormes águilas marinas de Steller. Es como llegar al fin de la tierra para adentrarse en un mítico reino helado.

Participa en la tradición anual del *hanami*

Nada saca a tantos japoneses a la calle como la floración de los cerezos en primavera

De todos los acontecimientos estacionales de Japón, ninguno es tan famoso y popular como la floración de los cerezos en primavera. Desde hace siglos, los japoneses salen a contemplar las flores —una tradición conocida como *hanami*— y lo reflejan en el arte y la poesía, ya que la breve pero exuberante belleza de las flores es un tema inagotable. Issa Kobayashi, maestro del haiku del siglo XVIII, captó el estado de ánimo reflexivo que puede provocar el *hanami:* «Sin ti / los cerezos en flor / solo florecen» (traducción de David G. Lanoue). Pero también destacó la alegría compartida que define el *hanami*, cuando la gente, coincidiendo con el pico de floración, se reúne para almorzar a la sombra los árboles: «Bajo los cerezos en flor / los extraños no son / realmente extraños» (traducción de Zoria P. K.).

La floración del cerezo *(sakura)* suele ser entre mediados de marzo y mediados de abril. La mayoría de los árboles son de la variedad *somei-yoshino*, con delicadas flores de color rosa pálido que se abren hacia mediados de marzo. Otros florecen en momentos diferentes: las esponjosas flores del *shidare-zakura* empiezan a aparecer a finales de marzo, mientras que el inusual *shiki-zakura* florece de nuevo en noviembre, por lo que se pueden ver a la vez los colores del otoño y los del *sakura* en lugares como Obara (prefectura de Aichi). La floración va de sur a norte, comenzando en enero con el *kanhi-zakura* de Okinawa, de color rosa intenso, y terminando en mayo con los cerezos de Hokkaido.

Aunque se pueden ver flores en casi cualquier lugar de Japón, hay algunos lugares especialmente populares. El parque tokiota de Yoyogi es el lugar preferido para las fiestas de *hanami*, con grupos que reservan sitios para hacer pícnics con horas o incluso días de antelación. En Kioto, el emblemático camino del Filósofo está siempre abarrotado de gente.

Sin embargo, para disfrutar del *hanami* es mejor buscar un lugar popular pero no tan abarrotado como para que los teléfonos de la gente impidan ver las flores. La prefectura de Shiga logra este equilibrio, con varios lugares espectaculares en torno al pintoresco lago Biwa. Dos de ellos figuran en la lista oficial de los 100 lugares más famosos para ver la floración del cerezo. El primero es el parque de Ho, en Nagahama, donde el castillo emerge de las espumosas flores de 600 cerezos *somei-yoshino*. El segundo es Kaizu Osaki, una península bordeada por 800 cerezos que se adentra en el lago Biwa y es especialmente bella desde el agua. Hacia finales de abril se puede ver la floración tardía de los cerezos *oshima-zakura* y *yae-zakura* junto al lago Yogo, no lejos del Biwa. Este momento tranquilo y contemplativo es el final perfecto de la temporada y, quién sabe, puede inspirar algún que otro poema.

— HAZLO REALIDAD —

La prefectura de Shiga está al noreste de Kioto y Osaka y al oeste de Nagoya. Alberga el mayor lago de Japón, el Biwa-ko. Nagahama, Maibara y Hikone se encuentran en su orilla noreste; el pequeño lago Yogo está al norte.

Puedes seguir la previsión de floración de los cerezos en *japan-guide.com*, que ofrece actualizaciones diarias en inglés. En esta época es preciso reservar el alojamiento y el transporte con bastante antelación y las tarifas hoteleras son más caras. La floración tardía suele coincidir con la Semana Dorada (de finales de abril a principios de mayo), lo que aumenta los viajes nacionales.

Maibara, en la línea Tokaido de *shinkansen*, es una base ideal para disfrutar del *hanami* en Shiga. Desde Maibara, la línea principal JR Tokaido se dirige al sur, a Kioto, pasando por Hikone. La línea principal JR Hokuriku va hacia el norte, a Tsuruga (final de la línea Hokuriku de *shinkansen*), pasando por Nagahama y Yogo.

Izquierda Cerezos bajo el castillo de Nagahama (Shiga)
Derecha Flor de *shidare-zakura*
Abajo Abundantes flores en Kaizu Osaki, junto al lago Biwa

«La floración del cerezo (sakura) suele ser entre mediados de marzo y mediados de abril».

Cerezos en flor en el foso de Chidorigafuchi, en Tokio

Disfruta de la floración del ciruelo en el Kairaku-en

A finales de febrero, las primeras flores de los ciruelos anuncian la llegada de la primavera

Pequeñas y delicadas flores rosas, blancas y rojas se aferran a ramas nudosas, algunas de ellas apoyadas en soportes de madera. La gente pasea junto a las flores, se detiene para admirarlas y toma fotos. Hay puestos de tentempiés y recuerdos. Puede que esto suene a la temporada del *sakura*, pero en realidad es un mes antes, cuando la hermosa floración del ciruelo anuncia la primavera.

Uno de los mejores lugares para verla es el Kairaku-en, en Mito. Mandado construir por un daimio (señor feudal) en 1841, es uno de los *sanmeien* o tres grandes jardines de Japón *(p. 131)* y sus terrenos abiertos se diseñaron para facilitar las reuniones sociales y el disfrute compartido del paisaje. Tiene muchas zonas encantadoras, desde un bosquecillo de bambú hasta un bosque de cedros, pero su mayor atractivo son los ciruelos. Hay unos 3000 de más de 100 variedades y florecen en febrero. Con motivo del Festival de la Floración del Ciruelo en Mito, se organizan visitas guiadas por el jardín y los árboles se iluminan por la noche.

Los ciruelos, aunque son hermosos, se plantaron por una razón práctica: asegurar una reserva de *umeboshi* (ciruelas secas encurtidas) en tiempos de escasez. No dejes de probar este ácido manjar y el delicioso *umeshu* (licor de ciruela).

HAZLO REALIDAD

Mito es la capital de la prefectura de Ibaraki, justo al noreste de Tokio. El Kairaku-en se encuentra en el oeste de la ciudad, cerca del lago Senda y el río Sakura.

El Kairaku-en *(ibarakikairakuen.jp)* abre todos los días. El Festival de la Floración del Ciruelo *(mitokoumon.com/ume)* se celebra entre mediados de febrero y marzo.

Toma la línea JR Joban desde Tokio hasta Mito. Hay autobuses desde la estación hasta el Kairaku-en y trenes a la estación del Kairaku-en en temporada de floración.

Los ciruelos en flor se adueñan del Kairaku-en

95

Siente la energía del Awa Odori

Da la bienvenida a los espíritus ancestrales al mundo de los vivos en el festival más famoso de Shikoku

«Es tonto el que mira y tonto el que baila. Si ambos son tontos, más vale bailar también». Esto se canta en el Awa Odori, el electrizante festival de danza tradicional de Tokushima. Cada verano, la tranquila ciudad costera estalla en alegría y sus calles se llenan de ruido y color. Por muy estridente que sea, el Awa Odori forma parte de una fiesta budista en honor a los antepasados, el Obon, una de las tres grandes festividades japonesas. Muchas personas regresan a sus hogares familiares a mediados de agosto para honrar a los espíritus de sus parientes fallecidos, visitar sus tumbas y hacer ofrendas en los altares familiares. Al comienzo del Obon se encienden linternas para guiar a los espíritus al mundo de los vivos; al final se vuelven a encender y se dejan flotar en los ríos para guiarlos de vuelta al reino de los difuntos. Mientras los espíritus visitan nuestro mundo, las familias les dan la bienvenida con coloridos festivales de danza *bon odori*, de los cuales el Awa Odori es el más famoso.

Todo empieza con la velada Zenyasai, un espectáculo de dos horas en el que los *ren* (grupos de danza), auténticos protagonistas del festival, dan una idea de lo que está por venir. Hay cientos de *ren*, algunos llegados desde el extranjero, pero solo los 30 mejores de la zona actúan en la Zenyasai. A la mañana siguiente comienza oficialmente el festival con el desfile Nagashi, que serpentea por la ciudad con gente tocando instrumentos como la *shamisen* (una guitarra de tres cuerdas), la *fue* (una flauta de tonos agudos) y los *taiko* (tambores). Empiezan a abrirse unos 200 puestos de comida que sirven *yakisoba* (fideos fritos) y *kakigori* (hielo raspado con siropes variados) a quienes contemplan el desfile.

Cuando llega la noche comienza el acontecimiento principal: las actuaciones de los *ren* profesionales, ya sea en la calle, cerrada al tráfico, o en escenarios repartidos por la ciudad. La gente toma asiento en las *enbujo* (gradas) y cientos de *ren* empiezan a bailar, cantar y tocar música, todo ello con descaradas expresiones faciales, gestos al público y llamativas vestimentas. Cada *ren* lleva su traje, acorde con su danza y su idiosincrasia. El estilo más emblemático es el de los grupos *onna-odori*, formados solo por mujeres, que llevan coloridos *yukata* (kimonos de verano); abanicos de papel con el nombre del *ren*, metidos en sus *obi* (cinturones); *geta* (sandalias de madera) con dos tacos en la base para que las bailarinas se inclinen hacia delante; y *amigasa* (sombreros de paja doblados en forma de abanico y sujetos sobre un moño).

Cuando veas las danzas quizás sigas el ritmo con los pies y te unas a los cánticos de llamada y respuesta. Si te apetece unirte al baile dirígete al ayuntamiento, donde se reúne el *niwaka-ren* (grupo improvisado), que puede enseñarte unos pasos. Después de todo, uno es tonto aunque solo mire, así que ¿por qué no unirse a la diversión?

—HAZLO REALIDAD—

La ciudad costera de Tokushima es la capital de la prefectura homónima, en el este de Shikoku. El festival se celebra en toda la prefectura, pero sobre todo en la ciudad de Tokushima.

El Awa Odori se celebra del 12 al 15 de agosto. Las entradas para los asientos de pago se ponen a la venta a principios de julio *(awaodorimirai.com)*. Desde las zonas gratuitas no siempre se ve a los mejores *ren*. Los hoteles de Tokushima se llenan rápido y los precios suben, así que considera alojarte en Naruto o Takamatsu. En este período se viaja mucho, por lo que conviene reservar asiento en el transporte.

Tokushima está en la línea JR Kotoku a Takamatsu. La estación de tren bala más cercana es la de Okayama, en la isla de Honshu, y conecta con destinos como Kioto, Osaka, Tokio y Fukuoka (Hakata). El aeropuerto de Tokushima recibe vuelos regulares de Tokio y Fukuoka.

«Cada verano, la tranquila ciudad costera de Tokushima estalla en alegría».

Arriba Uno de los muchos *ren*
Izquierda Un grupo de mujeres en el Awa Odori
Abajo Un *ren* danzando en la calle

Lugares para ver luciérnagas

1

Osawa no Sato

Si no tienes tiempo para un largo rodeo desde la capital, ve a este frondoso distrito de Mitaka, al oeste del centro de Tokio. Sus arrozales son el hábitat perfecto para las luciérnagas, visibles desde los paseos entablados en las tardes de junio.

2

Yokohoma-machi

En esta ciudad de Aomori se celebra a principios de julio el Festival de las Luciérnagas y el Agua de Primavera. Asiste para ver luciérnagas genji *y* heike *en libertad y probar los* nagashi somen *(fideos finos en un canal de bambú con agua fría).*

3

Parque Nacional de Kushiro Shitsugen

Con una contaminación lumínica mínima, las marismas de este parque de Hokkaido son ideales para ver luciérnagas heike *y* oba*. Sigue el paseo cercano al Centro de Visitantes de Onnenai en julio y a principios de agosto.*

Luciérnagas brillando de noche

Asiste a la fiesta de las luciérnagas en Nigami

Estos insectos bioluminiscentes ofrecen uno de los espectáculos naturales más bellos de Japón

El verano nipón es tiempo de tradiciones, desde tomar *kakigori* (hielo raspado) hasta contemplar los *hanabi* (fuegos artificiales). Sin embargo, la más mágica es la observación de las luciérnagas. Desde hace siglos, los japoneses se reúnen para honrar la 26.ª microestación de Japón, *kusaretaru kusa hotaru to naru*, del 11 al 15 de junio. Se traduce como «la hierba podrida se convierte en luciérnagas» y hace referencia a estos insectos bioluminiscentes, que emergen de los lechos de hierba húmeda en zonas con las condiciones idóneas: pastos altos, agua corriente y poca contaminación lumínica.

Ver brillar a estos insectos por la noche es fascinante, hasta el punto de que en muchos lugares se celebran fiestas de observación de luciérnagas. Una de las mejores tiene lugar en la pequeña localidad de Oshimaku Nigami de mediados de junio a mediados de julio (a pesar de la brevedad de la microestación, las luciérnagas son visibles durante más tiempo dependiendo del lugar). La gente recorre una carretera de 7 kilómetros conocida como la Línea de las Luciérnagas junto al río Hokura. Después de aparcar, hay que ir a pie hasta la zona de observación para ver el espectáculo: miles de puntitos de luz que brillan y se desvanecen en los arrozales y los arroyos de montaña.

HAZLO REALIDAD

Oshimaku Nigami está en la prefectura de Niigata. La Línea de las Luciérnagas sigue el curso del río Hokura; el mirador está al norte del pueblo.

Las luciérnagas de Nigami se ven de mediados de junio a mediados de julio. La carretera está muy concurrida los fines de semana.

La estación más cercana es la de Hokuhoku Oshima, a 10 minutos en taxi de Nigami. La estación de *shinkansen* más cercana está en Joetsu (línea Hokuriku).

97

Admira las hortensias del Unsho-ji

Estas flores de intensa coloración son uno de los espectáculos más hermosos de la estación lluviosa

En plena temporada de lluvias, las hortensias florecen en Japón. Sus densas cabezas florales, como pompones, se agrupan en parques y jardines, añadiendo un intenso colorido a la exuberante vegetación. Hay unas 100 variedades de *ajisai* (hortensia) en el país, desde azules y blancas hasta rosas y moradas. El color suele reflejar el pH del suelo, por lo que se puede ver una hermosa gradación entre el rosa (alcalino) y el azul (ácido) de una flor a otra.

Los templos son los lugares más populares para contemplar las *ajisai* y la gente acude en masa a los más conocidos en junio y julio para ver las llamativas flores sobre fondos pintorescos, como edificios de madera y arboledas de bambú, o colocadas con esmero en *chozubachi* (cuencos de piedra). El Unsho-ji, en la región de Oga, en Akita, es uno de los más bellos. Además, no suele estar muy concurrido debido a su ubicación relativamente remota. En sus terrenos, más de 1500 hortensias forman una hermosa alfombra azul, algunas con el mar de Japón como apacible telón de fondo. Todo se debe a la visión de un hombre, Konaka Shuun, vicejefe de los sacerdotes que, cautivado por la belleza de estas flores, dedicó años a propagarlas. Llévate un elegante *omamori* (amuleto) blanco y azul o un *goshuin* (sello del templo) para recordar la visita y la gloriosa escena.

HAZLO REALIDAD

El Unsho-ji está en la costa norte de la península de Oga, un rincón encantador y bastante remoto de la prefectura de Akita (noroeste de Honshu).

El templo abre de 9.00 a 17.00 (última entrada a las 16.30). Pasa la noche en Oga para conocer la zona y tener más flexibilidad en el transporte.

Desde la estación de Akita (línea Akita de *shinkansen)* toma la línea JR Oga hasta Hadachi u Oga y luego un autobús Oga Kita a Kitaura (cerca del Unsho-ji) o un taxi.

Hortensias azules en el Unsho-ji

Combínalo con KAMAKURA

Entre los famosos templos de la histórica Kamakura (p. 28) está el Meigetsu-in, también conocido como Ajisai-dera por sus cientos de hortensias azules que florecen en junio. Visítalo después de ver el Unsho-ji.

Follaje rojo y anaranjado en el monte Tanigawa

98

Sumérgete en los colores del otoño

Contempla las hojas rojas y doradas que cubren el monte Tanigawa desde un teleférico

—HAZLO REALIDAD—

El monte Tanigawa limita con las prefecturas de Niigata y Gunma, en el centro de Japón.

Las hojas están en su mejor momento a mediados de octubre; consulta las previsiones.

Ve en autobús desde las estaciones de Joetsu o Tanigawa, o a pie desde la estación de Doai.

Al igual que cada año se hace un seguimiento de la floración de los cerezos, la gente consulta en internet y en las noticias las previsiones de los cambios de color de las hojas en otoño *(koyo)*, planea pícnics en los parques y organiza excursiones al campo para contemplar los árboles.

Quizás los mejores lugares para admirar los colores otoñales sean las montañas, con laderas cubiertas de arces de un rojo intenso, ginkgos y alerces de un amarillo brillante y serbales de un rojo anaranjado. Aunque el senderismo te sumerge en el bosque y te permite ver de cerca las hojas, su inconveniente es que, literalmente, los árboles no dejan ver el bosque. Para tener una visión panorámica hay que subir más alto.

En el monte Tanigawa, uno de los 100 más famosos de Japón, un teleférico se eleva por encima de los árboles. Durante 15 minutos avanza sobre valles y crestas, y los rojos, marrones y dorados se van haciendo más intensos a medida que se acerca a la estación, a 1319 metros de altitud. La montaña es aún más alta, 1977 metros, y la escarpada y austera pared rocosa que despunta sobre la masa arbórea se cubre de nieve en octubre. Puedes descender en teleférico o a pie por los senderos del monte y terminar con un baño reparador en las aguas termales de Minakami.

99

Comparte la cosecha con los dioses

En Takachiho, un pueblo repleto de mitos, los habitantes celebran la cosecha con danzas ancestrales y comida reconfortante

En una gastronomía que valora la estacionalidad destaca una época del año: el otoño. Los verdes arrozales se tornan dorados y el arroz se cosecha y se seca en gavillas, en cada región a su manera: colgando de un bastidor o poste, o reposando en pilas cónicas. Y en una cultura donde el grano es un alimento esencial, la cosecha es motivo de celebración.

Se puede disfrutar simplemente de los manjares otoñales, como los caquis, las castañas, el primer cangrejo de las nieves o el primer sake (el *akiagari*, un *nihonshu* elaborado en primavera). Pero para comprender el espíritu de la estación debes asistir a una fiesta de la cosecha como la Yokagura de Takachiho. Esta hermosa localidad de las montañas de Kyushu está impregnada de mitos y, en consecuencia, su celebración de la cosecha es antigua y misteriosa. Los habitantes se visten con trajes llamativos, se ponen máscaras y bailan danzas *kagura* que representan cuentos sintoístas. Entre danza y danza se sirven *naorai*, nutritivos alimentos compartidos con los dioses. Calienta el cuerpo y el espíritu con delicias como el *kappo-dori* (pollo con setas al vapor de bambú), el *kappo-zake* (*shochu* o *nihonshu* ligeramente calentados en bambú) y el *shoke-mori* (tofu, arroz, pescado y otros alimentos servidos en cestas de bambú). Y no olvides dar las gracias a los caprichosos dioses por tan abundante cosecha.

HAZLO REALIDAD

Takachiho está en la prefectura de Miyazaki (este de Kyushu).

La Yokagura se celebra a finales de noviembre y dura dos noches. Todos los días del año se hacen versiones reducidas en el santuario de Takachiho.

Puedes ir a Takachiho en autobús desde Miyazaki, Kumamoto y Fukuoka.

Combínalo con NIIGATA

Hay más bodegas de sake en Niigata (p. 102) que en cualquier otra prefectura, por lo que es el lugar perfecto para probar el **akiagari**, *ya sea en una bodega o en un bar.*

Danza *kagura* en Takachiho

«Verás aguerridos samuráis, delicadas princesas y gente vestida de todas las clases sociales».

Arriba Trajes de época en el desfile del Jidai Matsuri **Izquierda** El ardiente Kurama Hi no Matsuri

Celebra la belleza del otoño en Kioto

El mismo día de octubre, esta antigua ciudad celebra dos fiestas tradicionales radicalmente distintas pero igual de atractivas

La cultura tradicional japonesa suele considerarse elegante, elevada y compleja: el ritual de la ceremonia del té, la calma contemplativa de un jardín de rocas, la elegancia contenida de la danza de las *geishas*. Si bien todo esto es cierto, existe otra faceta: el hedonismo del mundo flotante que se muestra en las xilografías, el color y el ruido del teatro *kabuki*, las estridentes fiestas donde los espíritus se desbordan y el sake fluye a raudales. En Kioto puedes conocer estas dos caras de la cultura nipona en dos eventos muy diferentes que tienen lugar el mismo día: el 22 de octubre, fecha de la fundación de la ciudad.

La primera es el Jidai Matsuri, un desfile majestuoso creado en 1895 para honrar la larga e ilustre historia de Kioto. Participan unas 2000 personas y unos 70 animales y se extiende a lo largo de 2 kilómetros en su recorrido por la ciudad desde el gran Palacio Imperial hasta el Heian-jingu, un santuario al este del río Kamo.

Jidai significa épocas, y el desfile muestra acontecimientos y personajes clave de cada época en la que Kioto fue capital a lo largo de más de 1000 años (794-1868). Comienza con los coches de caballos del siglo XIX y va ganando en interés a medida que se suceden los siglos en orden cronológico inverso. Verás aguerridos samuráis, delicadas princesas y gente vestida de todas las clases sociales, todos caminando delante de dos *mikoshi* (santuarios portátiles) que albergan los espíritus de los emperadores Kammu y Komei, el primero y el último que reinaron desde Kioto. La exactitud histórica de la indumentaria muestra el incomparable talento de los artesanos de Kioto, que han preservado meticulosamente las antiguas técnicas de tejido, teñido y confección durante generaciones.

Tras el desfile, es hora de algo un poco más animado. Toma el tren a Kurama, en las montañas, y de camino disfruta del túnel de Arces, un precioso tramo de la vía rodeado de hojas teñidas de rojo. En el año 940, cuando el santuario de Yuki se trasladó a Kurama, los locales ayudaron a la deidad a encontrar su nuevo hogar iluminando el camino con antorchas. Desde entonces se recuerda esa noche con el Kurama Hi no Matsuri. En esta emocionante fiesta del fuego, los habitantes de Kurama —muchos ataviados con taparrabos y *hachimaki* (cintas en la cabeza)— iluminan las calles con antorchas. Al anochecer, las familias colocan farolillos junto a sus puertas, alumbrando un camino para los niños con pequeñas antorchas. A continuación, los adultos se lanzan a las calles portando antorchas de 4 metros que llegan a pesar 100 kilos. Al final, las antorchas se arrojan a una espectacular hoguera en el santuario. Esta fiesta se acaba a altas horas de la madrugada, con el aroma del humo y el sonido de las risas como telón de fondo, mientras se rinde tributo al excepcional patrimonio de Kioto.

—HAZLO REALIDAD—

El Jidai Matsuri se celebra en el centro de Kioto, en la región de Kansai (oeste de Honshu). El Kurama Hi no Matsuri se celebra en el pueblo de Kurama, en las montañas al norte de la ciudad.

La gente reserva los mejores sitios en la ruta del Jidai Matsuri con antelación. Para verlo bien reserva un asiento en las gradas de pago en Ticket Pia *(t.pia.jp)* a partir del 10 de septiembre. Mucha gente intenta asistir a ambas fiestas, así que hay que calcular bien el tiempo del desplazamiento. El Kurama Hi no Matsuri empieza al anochecer.

Es fácil llegar a la ruta del Jidai Matsuri en metro, autobús o taxi desde la estación de Kioto (línea Tokaido de *shinkansen*). Kurama está en la línea de tren Eizan Kurama, que sale de la estación de Demachiyanagi (a media hora a pie del Heian-jingu, algo menos del Palacio Imperial). Los trenes se llenan rápidamente de asistentes a la fiesta.

Una semana de fiestas estivales en Tohoku

DURACIÓN 7 días **INICIO** Hachinohe; la ciudad está en la línea Tohoku de *shinkansen* entre Tokio y Aomori
DESPLAZAMIENTOS Todas las paradas de este itinerario están conectadas por trenes regulares o bala
FIN Sendai; la ciudad está en la línea Tohoku de *shinkansen*, a mitad de camino entre Tokio y Aomori

Las fiestas marcan los cambios de estaciones, momentos históricos y acontecimientos religiosos a lo largo del año. El verano es la temporada alta, cuando ni el calor ni la humedad impiden que la gente salga a divertirse. Si quieres unirte a la fiesta solo tienes que programar tu viaje para la primera semana de agosto, seguir este recorrido y dejar que Japón haga lo demás.

Este itinerario se centra en la hermosa región de Tohoku, en el norte de Honshu, donde tienen lugar tres famosas fiestas en una semana: en Akita, Aomori y Sendai, del 2 al 8 de agosto. Si empiezas en Hachinohe el 2 de agosto podrás asistir a una fiesta cada día, desplazándote a diario por la región para ver cómo las carrozas y los bailarines se apoderan de Morioka, Akita, Hirosaki y Aomori antes de bajar a Yamagata y terminar el 8 de agosto en Sendai. Puede que sea una semana agotadora, pero sin duda será memorable.

3. AKITA
A hora y media en *shinkansen* se encuentra Akita, donde se celebra el Kanto Matsuri del 3 al 6 de agosto para ahuyentar el mal y rezar por una buena cosecha. Incluye desfiles nocturnos cuyos participantes hacen acrobacias y portan mástiles de bambú de 12 metros cargados de faroles de papel sobre sus manos, cabezas y caderas.

6. YAMAGATA
Tras un viaje de casi cuatro horas (primero en *shinkansen* a Sendai y luego tren JR) te verás recompensado con el Hanagasa Matsuri de Yamagata, del 5 al 7 de agosto. Para celebrar la música y la danza tradicionales de la región, más de 10 000 bailarines animan las calles con coloridos trajes y sombreros de paja decorados con flores de alazor.

4. HIROSAKI

Toma un tren JR para llegar a Hirosaki, donde se celebra el Neputa Matsuri del 1 al 7 de agosto. Cada noche desfilan por la ciudad enormes carrozas de papel pintadas a mano por los habitantes, iluminadas y acompañadas de enérgicas flautas y *taiko* (tambores).

5. AOMORI

Un tren JR te llevará en 45 minutos a Aomori, donde tiene lugar el Nebuta Matsuri del 2 al 7 de agosto. Cada noche, espectaculares carrozas elaboradas a mano con dioses, figuras míticas y escenas dramáticas desfilan por la ciudad, junto a cientos de bailarines.

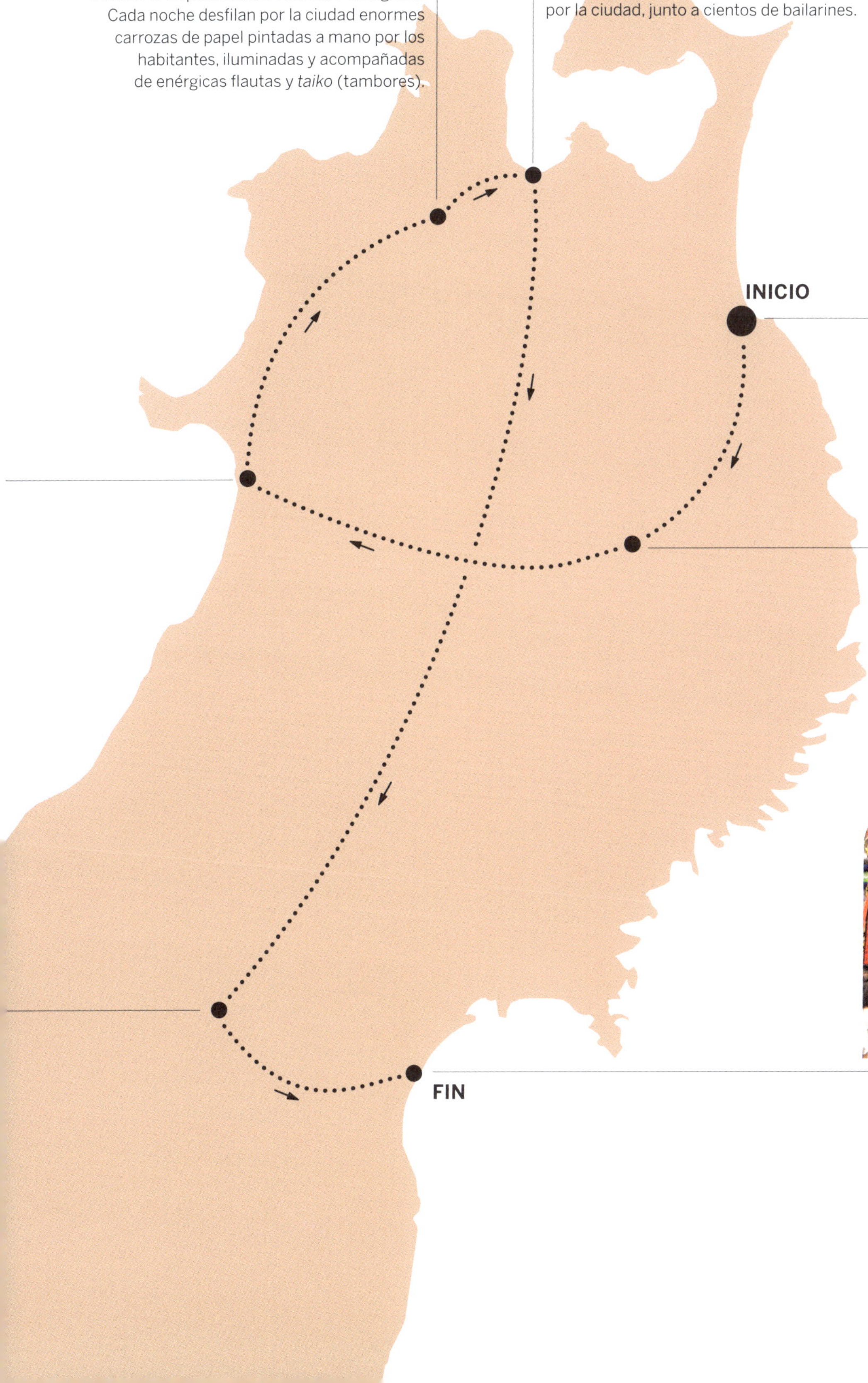

1. HACHINOHE

La Sansha Taisai, fiesta de los tres santuarios sintoístas de Hachinohe, se celebra entre el 31 de julio y el 4 de agosto. Por la ciudad desfilan *mikoshi* (santuarios portátiles) y coloridas carrozas. El siguiente destino es Morioka, a 30 minutos en *shinkansen*.

2. MORIOKA

Con motivo del Sansa Odori, durante los cuatro primeros días de agosto desfilan por Morioka bailarines, tamborileros, flautistas y cantantes, todos muy bien sincronizados. Se honra a una deidad que liberó a la ciudad de un demonio hace siglos.

7. SENDAI

Termina la semana de fiestas en Sendai, adonde se llega en tren JR en hora y media. El Tanabata Matsuri —la fiesta *tanabata* más famosa de Japón— celebra el reencuentro de los amantes celestiales Orihime y Hikoboshi del 6 al 8 de agosto.

Índice

A

B

C

D

Agradecimientos

La editorial quiere dar las gracias a todos aquellos que han dado su permiso para reproducir sus fotografías:

(Leyenda: a-arriba; b-abajo; c-centro; f-extremo; l-izquierda; r-derecha; t-superior)

4Corners: Susanne Kremer 34-35.

Adobe Stock: blackrabbit3 70-71; eyeblink 44bl; Hick 145; nathume 186-187; piyaset 99tr; Shiawasesamurai 30.

Alamy Stock Photo: amana images inc. 36b, 69b, 96-97, 183l, 230, 233tr, 233b; Mark Bassett 216; Patrick Batchelder 187t; Vicki Beaver 99cr; Blue Planet Archive LLC 132; J. Borruel 73; Anthony Brown 229; dpa picture alliance 111b; JESÚS MARIA ERDOZAIN GÓMES 171tr; David Fleetham 122cl; Jose Fuste Raga mauritius images GmbH 162-163; Robert Gilhooly 64-65, 65tr; GIUGLIO Gil / hemis.fr 60; Nataliya Hora 107; ICP incamerastock 50; Miho Ikeya / The Yomiuri Shimbun via AP Images 161l; Suzuki Kaku 117bl; David Kleyn 75b; Julian Krakowiak 130-131; ERIC LAFFORGUE 193b; John Lander 61; Little valleys 109tr; Trevor Mogg 80bl; Yasushi Nagao / The Yomiuri Shimbun via AP Images 164; Lars Nicolaysen / dpa picture alliance 129br; Yusuke Okada / a. collectionRF / amana images inc. 136l; Janelle Orth 122bl; Sean Pavone 31, 127, 188; Solveig Placier / Photononstop 180-181; Navapon Plodprong 183br; Norbert Probst / imageBROKER.com GmbH & Co. KG 122tl; Pongphan Ruengchai 38-39; Toshikazu Sato / The Yomiuri Shimbun via AP Images 202; SOURCENEXT MIXA 236-237; Nanako Sudo / The Yomiuri Shimbun via AP Images 144; Nikoru Suzanne 110; Ryuzo Suzuki / The Yomiuri Shimbun via AP Images 65br; Takehiko Suzuki / The Yomiuri Shimbun via AP Images 206bl; Ulana Switucha 129l; Chiharu Taoka / AFLO 93; Norikazu Tateishi / The Yomiuri Shimbun via AP Images 101; Yoshio Tsunoda / AFLO 161tr; Steve Vidler / mauritius images GmbH 83l; Noboru Tsubaki aTTA 2008; Towada Art Center photo: Edmund Sumner-VIEW 209b; BJ Warnick / Kyodo Photo via Newscom 133, 206tl, 206cl, 219; 249t; WBC ART 80br; Chris Willson 66-67; Masayuki Yamashita 120; ZUMA Press; Inc. 59.

AWL Images: Amana Images 47t, 47b; Jan Christopher Becke 41; Christian Kober 118.

Basho-o Kenshokai: 78-79.

Benesse Art Site Naoshima: Daici Ano 201tl; Rei Naito: Matrix; 2010; Teshima Art Museum; photo: Noboru Morikawa 201b; Ken'ichi Suzuki 201tr.

Centro de Arte de Towada: Yoko Ono Wish Tree for Towada, Riverbed, Bell of Peace, 2008, photo: Oyamada Kuniya © Yoko Ono All Rights Reserved 209t; inges idee, Ghost, Unknown Mass, 2010, photo: Oyamada Kuniya 210-211.

Getty Images: ODD ANDERSEN / AFP 203; The Asahi Shimbun 48-49, 221l, 239tr; B.S.P.I. 129tr; bonchan 104; Carl Court 173br; 226-227; DoctorEgg 24; Philip FONG AFP 154-155, 206-207; Noriko Hayashi / Bloomberg 152, 153; huayang 244; Francesco Riccardo Iacomino 2-3, 8-9; Ivan 106; JAPAN POOL JIJI PRESS AFP 62-63; Taro Karibe 192; Katsumi KASAHARA / Gamma-Rapho 245; Stanislav Kogiku / SOPA Images / LightRocket 28-29, 221r; Yuga Kurita 184-185; Kyodo News 161br; 239l, 239br, 246b; John S Lander LightRocket 190; LAW Ho Ming 102-103; Andrew Marriott 171tl; MIXA 98-99; Ippei Naoi 122-123, 124-125, 136r, 137, 173l;

Tomohiro Ohsumi / Bloomberg 92; Sammyvision 44-45, 51r; Sam Spicer 117t, 117br; Tomohiro Ohsumi / Stringer 205; Shoko Takayasu / Bloomberg 95br; Tanatat pongphibool; thailand 174-175; tororo 51l; Leisa Tyler / LightRocket 76-77; Alison Wright 27br; xun zhang 156-157; TORU YAMANAKA / AFP 99br.

Getty Images / iStock: ablokhin 109tl, 109b; aumphotography 246tl; bonchan 88bl; CHENG FENG CHIANG 248; DoctorEgg 146-147; Eloi_Omella 234-235; FilippoBacci 27l; Mariana Flores 212-213; GI15702993 193t; Samantha Gill 80t; gyro 83r; halbergman 56-57; hungryworks 44tl; kazoka30 111t; yunyan li 213tr; linegold 173tr; martin-dm 27tr; MrNovel 213br; oluolu3 82; Sean Pavone 33; Satoshi-K 88tl; SeanPavonePhoto 171b, 198-199; Beatrice Sirinuntananon 246tr, Takosan 249b; tororo 134-135; xxwp 44cl; Yagi-Studio 91.

Houshi: 75tr.

Kakusho: 88-89.

Museo Conmemorativo de Industria y Tecnología de Toyota: 158.

Oficina de Turismo de Kobe: 214-215.

Oficina municipal de Toyooka: 69tr.

Organización Nacional de Turismo de Japón: 179, 183tr.

Patrick O'Brien: 231.

Shutterstock.com: Peter Adams Images 126; akarapong 36t; Florian Augustin 178; BlackRabbit3 240-241; Jujumin Chu 143; cowardlion 233tl; f11photo 42; Kinstory 187b; Thitinun Lerdkijsakul 95tr; MarkauMark 72; martinho Smart 220; Arthur Matsuo 217; Musashi2001 176-177; N_FUJITA 165t; Neography 95l; okimo 189; Rei Imagine 69tl; Shirakami 242-243; SIHASAKPRACHUM 43; TOMO 75tl; wdeon 121.

teamLab: teamLab, Graffiti Nature in a Beating Valley - Symbiotic Lives, A Whole Year per Year, Red List © teamLab 150.

THE TOKYO TOILET:
Satoshi Nagare, Courtesy Shibuya City 148l, 148tr, 148br, 165b.

Imágenes de cubierta: *delantera:* Getty Images / iStock: Sean Pavone; *trasera:* Alamy Stock Photo: amana images inc. br; Getty Images / iStock: SeanPavonePhoto t; Shutterstock.com: Peter Adams Images bl.

ACERCA DE LA AUTORA

Rebecca Hallett es una escritora de viajes afincada en el Reino Unido y especializada en Japón. Tras licenciarse en Estudios Japoneses y vivir una temporada en Kioto, comenzó su carrera como editora de guías turísticas en DK y Rough Guides, antes de dedicarse a escribir, dar conferencias y ser asesora de viajes, cualquier cosa que le permitiera conectar con la gente y compartir su amor por Japón. Le apasiona transmitir la complejidad del país más allá de los tópicos y le encanta visitar los rincones menos explorados, desde los nevados complejos termales hasta los museos de barrio. En su sitio web *(rebeccahallett.com)* encontrarás más información sobre su trabajo y sobre cómo puede ayudarte a planear tu viaje definitivo a Japón.

DK Penguin Random House

Edición sénior Zoë Rutland
Diseño sénior Laura O'Brien
Edición Dawn Henderson, Alex Pathe, Lucy Sara-Kelly
Diseño Cristina Antequera, Matt Cox
Documentación fotográfica sénior Yoshimi Kanazawa
Cartografía James Macdonald
Diseño de cubierta Laura O'Brien
Retoque de imágenes Michelle Briers
Producción David Almond
Producción sénior Samantha Cross, Tony Phipps
Edición de arte sénior Gemma Doyle
Dirección editorial Hollie Teague
Dirección de arte Maxine Pedliham
Dirección de publicación Georgina Dee

De la edición en español

Coordinación editorial Cristina Gómez de las Cortinas
Coordinación de proyecto Eduard Sepúlveda
Dirección editorial Elsa Vicente

Publicado originalmente en Gran Bretaña en 2025
por Dorling Kindersley Limited
DK, 20 Vauxhall Bridge Road, London SW1V 2SA, UK

Título original: *Ultimate Japan*
Primera edición, 2026

Servicio editoriales: Moonbook
Traducción: Daniel Odevaine López

ISBN: 979-8-2171-3833-3

Impreso y encuadernado en Malasia

www.dkespañol.com

FSC www.fsc.org MIXTO Papel | Apoyando la silvicultura responsable FSC™ C018179

Este libro se ha fabricado con papel certificado por el Forest Stewardship Council™ como parte del compromiso de DK por un futuro sostenible.
Para más información, visita la página www.dk.com/uk/information/sustainability

Nota de la editorial

Se han hecho todos los esfuerzos para que este libro esté lo más actualizado posible a fecha de su publicación. Sin embargo, algunos datos, como números de teléfono, horarios, precios e información práctica, pueden sufrir cambios. Valoramos mucho las opiniones y sugerencias de nuestros lectores. Por favor escriba al correo electrónico: travelguides@dk.com